U0879403

工匠之国

日本制造如何走向卓越

[日]北康利 著
徐艺乙 译

中信出版集团 · 北京

图书在版编目（CIP）数据

工匠之国：日本制造如何走向卓越 /（日）北康利著；徐艺乙译. -- 北京：中信出版社, 2018.9
ISBN 978-7-5086-9037-7

Ⅰ. ①工… Ⅱ. ①北… ②徐… Ⅲ. ①制造工业－日本－通俗读物 Ⅳ. ①F431.364-49

中国版本图书馆CIP数据核字(2018)第121168号

工匠之国：日本制造如何走向卓越

著　　者：[日]北康利
译　　者：徐艺乙
出版发行：中信出版集团股份有限公司
（北京市朝阳区惠新东街甲4号富盛大厦2座　邮编　100029）
承 印 者：北京华联印刷有限公司

开　　本：880mm×1240mm　1/32　　印　　张：8　　字　　数：149千字
版　　次：2018年9月第1版　　印　　次：2018年9月第1次印刷
京权图字：01-2018-3596　　广告经营许可证：京朝工商广字第8087号
书　　号：ISBN 978-7-5086-9037-7
定　　价：48.00元

图书策划：楚尘文化

目录

译　序

关于《工匠之国》

这是一本关于日本职人的专著，由作家北康利撰写。

说起职人，大家可能会感到陌生。职人，是日语中对拥有精湛技艺的手工艺者的称呼。以前主要指传统手工业者，而现在许多掌握着尖端技术的制造业者也可以被称作“职人”。在日本，“匠＝职人”，抛开文化、语境上的微妙差异，转成中国式的叫法，即指工匠或匠人。

什么是日本的职人文化？是怎样形成的？对比其他国家，日本是如何继承传统技术的？支持并彰显日本职人的制度与称谓又有哪些？本书，首先围绕着这些问题进行了详细的介绍。在第一章、第二章中，虽多是关于日本职人的枯燥的历史知识和客观讲述，却也铺陈得饶为有趣。如，“职人的多数为女性”“‘座’的诞生”“盗技”“守破离”等内容。这些对于读者了解日本文化、日本职人有着很大的帮助。

当然，作者的重点还是现代的“匠人”，他们是如何继承传统的？他们的生活状况如何？作者通过调研，用一整章的篇幅来论述。日本酒、漆器、和纸、茅葺、金箔、和式蜡烛、织物、佛像与修复、人形、日本刀、焰火、陶艺，书中提到的这12种传统手工艺，在技术发达的当今世界，也依然在传承。面对这样的情景，不禁让人思考：这背后是怎样的一群人，有着怎样的信念与精神？或许我们很难将这些古老手工艺一下子与日本当下的世界知名企业联系起来，然而，它们之间的确是共通、共生、共荣的。当今的日本制造享誉世界，曾经也有过“日本制造，是劣质品的代名词？”的过渡期。那么，“日本制造”一步步走到今天的“成功”，靠的是什么呢？反过来试想，如果没有职人精神与文化的传承和支撑，日本制造还是当今的“日本制造”吗？

面对日本当下“社会少子化”“人们关注轻松赚钱的领域”的现状，作者有种“居安思危”的心态，为“国家造物、职人的复兴”发声，并郑重提醒大家：“匠之技术及精神，才是国之重宝、国之基础，决不可丢弃。”

面对“造物、职人的复兴”的问题，作为大众，我们能有何作为？这是书中作者提出的问题，这何尝不是一个无国界之分的国际性问题。最起码，我们应该怀有对职人的敬意之心，对“本物”[1]的爱惜之情。

在文章的最后，作者与经济产业省事务次官北畑隆生的对谈，从国家、企业层面谈论了“日本造物”“人才培养”“企业发展”等问题，深入浅出，颇有见解，值得我们思考。

应该承认，这是国内出版的一本关于日本职人的较好的书。从日本的传统手工造物谈到现代日本企业的现状，从神话时代的职人谈到现代的职人，许多问题都谈得比较透彻，有观点、有案例、有思考，并能够借鉴西方的案例进行分析研究，从而彰显日本职人的特点。有关日本职人及其工艺技术的未来，作者通过采访主管部门的官员，进行了符合实际的预测和展望。这些问题的研究，在当前弘扬民族文化、振兴传统工艺、发扬工匠精神的进程中，能够给中国的专业工作者和广大读者带来一些启迪吧。

徐艺乙

2018 年 4 月于南京

注释（本书注释除有特殊说明外，均为译者注）

1 本物：日语词，区别于伪物，指真的东西，真货；正式，正规，专门（的事物）。

前　言

“造物”——技术大国日本的原点

匠（技术工人），是日本人决不能忘怀的。他们是一群“因勤勉工作而喜悦”的人。匠之原意，来自“手的制作”，后逐步变成“造物”之意。

试想，人类从使用石器与陶器等“器具”伊始，就已经开始了“造物”的历史。在那时，所有的物品都要自给自足，部落里有了为生产稻米和蔬菜而制作器具的人，而搭建住房者则被称作大工。

这样“孜孜不倦、苦心钻研”的精神构建，是日本人气质中得以继承的、不可替代的良好风尚。“职人之技”是指在职人的世界中，以所累积的超越时间的智慧为背景的熟练技艺，能够让人感动，并受人尊敬。

“二战”后，吉田茂[1]与白洲次郎[2]面对百废待兴的国土时，在那里只看到了“日本人”尚存的一线光明，那就是继承着匠之传统的、灵巧的、勤劳的、隐忍的、有着上进心的国民性。

吉田茂与白洲次郎的意图是，进口原料经过加工而产生附加值后再输出，即通过加工贸易来促使经济复兴。他们还以发起人的身份创设了通商产业省[3]。不久，所取得的成绩让世界瞠目结舌，在战胜国的夹缝中，战后的日本得到了奇迹般的复兴。

古希腊的神话中，潘多拉的盒子打开后，剩下的是“希望”；战后，日本失去了全部，剩下的是接受并继承传统的“日本人”。

日本缺少天然资源，但是有“日本人”。如果这不值得夸耀，又能说什么呢？

通商产业省现更名为经济产业省，如今标榜“人才立国”，大力推进“造物”复兴，也不是没有缘由的。无论怎样，金融与商业都是不太重要的，只有制造业才是一国基础。一旦泡沫破灭之后，什么都不会留下；而制造业却会留下人才和“物”。

匠之技术及其精神，才是国之重宝。

最近，“轻松赚钱”的想法风靡日本，一有赚钱的机会，所有人都争先恐后，这个风潮对匠之传统有着很大的影响。

社会的少子化会导致人才不足，但所有的领域不可能同时都存在人才不足的问题，人才都集中在了“轻松赚钱”的领域。另外，“需要长时间的修行才能掌握重要技术”的职人世界也面临着人才不足的问题，问题的严重程度一年年在加深。“造物”的传统，不可能一朝一夕就得以继承，一旦中断要再恢复，是非常困难的。这样的事态令人担忧。

本书的目的并非要说明“只有日本的职人才是世界第一”。然而，职人是国家的基础，这是不能忘记的。这样的传统很重要，广大读者应当予以注意，传统需要用心呵护。这是我的愿念。

注释

1 吉田茂：1878—1967，日本东京人，政治家。1906 年毕业于东京帝国大学政治科后，入职外务省。第二次世界大战后，任日本外相。

2 白洲次郎：1902—1985，日本兵库县人，实业家。“二战”后任首相吉田茂的幕僚。

3 通商产业省：日本政府的组成部门。1949 年由商工省、贸易厅和煤炭厅合并而成立，2001 年更名为经济产业省，其职能为制定产业政策、通商政策，促进产业技术和贸易的发展。

第一章　日本职人的历史

一、神话的时代——职人之祖

神话世界与职人

关于“工”字的语源，有着多种说法。根据中国东汉时期的字典《说文解字》的解释，“工”字下面的一横代表地，其上站着一个人，上面一横代表天，被两只手托着，是个象形字，有“人接受天地之气，则有规矩”之意。“规矩”是指圆规与曲尺。“人接受天地之气”的解释，让人想起了职人所具有的精神。

根据中国古代的传说，中国的创世神是伏羲和女娲，是一对人面蛇身的兄妹神。伏羲手持曲尺，女娲手持圆规，基本上就是如今大工（从事土木建筑的木匠）使用规矩的样子。的确，创造国家也是大工的工作。

在日本也有将职人的历史归结到神祇身上的。

当天照大神[1]隐藏在天岩户时，世界被黑暗所包围，为举办请出天照大神的祭祀仪式，石凝姥命[2]从天香具山[3]采铜，制作了一面八咫镜[4]。据说石凝姥命作为先祖，曾为了飞鸟时代豪族的镜作联盟之职人集团的形成，出面掌控了他们的锻造技艺。同样，在天照大神隐藏在天岩户时，制作八尺琼勾玉[5]的玉祖命，也成为玉作联盟制作曲玉的职人集团之祖。

各个门类的职人都在神话中寻求自己的先祖，被叫作弓削部、矢作部、楯缝部、鞍作部的职人集团主要制作武器与马具，服部（大概全日本姓服部的祖先都是做衣服的）、衣缝部过去就是织布、做衣服的，木工、石作、漆部、土师部等也都是从事各种工作的职人。

这些职人在神话中寻求自己的祖先，而欧洲的职人则根据工种和地域的不同，去找寻各种守护自己的圣人，两者看上去有点相似。其实，职人的工作时常伴随着危险的发生，因此，他们都会有着坚定的信念。

在此，有必要介绍一下，在日本存在着以圣德太子[6]为职能神（守护职业之神）的信仰，仰赞他的宗教讲式叫“太子讲”[7]。举办“太子讲”的业种有大工、木屐屋、木器屋、瓦屋、房顶修葺、建材屋、铁匠铺、石工等，在旧历[8]1月21日至22日要挂出“孝养像”[9]的挂轴进行祭祀。同行业的人聚集在一起，进行各种各样的交流，属于重要的活动。

从海上传来的技术

在飞鸟、奈良时代，日本的技术有了飞跃式的提高，一个不能忘记的背景是那些跨海而来的中国和朝鲜半岛的渡来者（归化人）的存在。

崇神天皇[10]在位期间，朝鲜半岛南部的伽罗国[11]王子都怒我阿罗斯等来日归化。这些外国人归化之初，便将他们的祖国伽罗国标记为“唐”，意味着外国和外国人。

应神天皇[12]统治期间，与秦三世孝武王有着血统关系的弓月君[13]的归化，给日本带来了养蚕与机织的技术。雄略天皇[14]时，秦氏的长者秦酒公[15]贡奉了由他织造的绢，由于织物“堆得很高”，被赐姓“禹豆麻佐”，此后时常使用“太秦”字样。京都的大秦电影制片厂[16]所在地便是他们原先的领地，机织的“はた”（旗子）或许也与他们的姓氏有关。

推古天皇[17]统治时期，来自高句丽的僧人昙征[18]传来了纸墨的技艺，此后，日本的造纸业方兴未艾。法隆寺[19]的释迦三尊像是日本的国宝，这也是由渡来人鞍作止利[20]制作的。

这样的例子并不少，正是在这些渡来人的推动下，日本的技术水准有了飞速的提高，日本的职人之技由此而确立。而且，这样的事情是国际性的。不用说，当时的人们已经意识到“国境”的存在。

当时的国际交流是深入的，如团扇与扇子的故事。

团扇是奈良时代从中国传过来的，另一方面，在平安时代初期，日本又在团扇的基础上开发出了扇子，“折叠起来”这一想法着实巧妙。扇子在平安绘卷的影响下发展成豪华绚烂的桧扇，从平安时代末开始向中国输出，当时被叫作“倭扇”。进入室町时代，桧扇在中国经过改良成为唐扇（扇骨被插入扇区面纸的夹层中间，外面就看不到扇骨了，现在的扇子基本上就是这样），再次向日本输出。

15 世纪，扇子从中国开始向欧洲出口，为贵族所看重。在路易十六的王后玛丽·安托瓦内特（Marie Antoinette）的肖像画中，王后的手上就拿着一把这样的扇子。

二、中世纪——职人的进步

“职人”一词，在镰仓时代[21]读作“しきにん”，指的是管理庄园的下层奴役。根据历史学者网野善彦[22]的观点，职人读作“しょくにん”，已经有手工业者的意思，这是南北朝后期（14世纪中叶）的事情了。[《中世纪的风景》（中世の風景）]

在奈良时代，中务省[23]的内匠寮[24]，就已经有了画作、细工、金银、玉石带、铜铁、铸造、造舟、髹漆、木作、辘轳、柳箱工等15种职人之分，常年有120多人在那里劳作。

飞鸟、奈良时代以降，很多人迁居到都城而形成职人街。镰仓时代也同样如此，在镰仓市的米町遗址中也发现了当时的职人街，出土了弯曲状器物和漆器等。

由“职人歌合”所反映的对职人的憧憬

在日本文学史上，曾经有过“往来物”[25]的体裁。

往来物特别是在进入江户时代[26]后流行开来。我们可以把它理解为是描写名胜古迹缘由的旅行指南。它能给读者一种身临其境的感觉，甚至可以被称为“梦之书”。十返舍一九[27]的著作《东海道徒步旅行记》（東海道中膝栗毛）就是这样的书。

另一方面，与各地的名胜古迹一样，能够引起人们兴趣与憧憬的，还有职人。

12世纪履行院政[28]有名的天皇后白河[29]，也是拥有职人般魅力的人。由于源平合战[30]以及源赖朝[31]、源义经[32]兄弟的不和，个性较强的后白河从天皇位置上退下来后，以“自由之身”进入京都的锻冶屋（铁匠铺），观察职人们工作的样子，并乐在其中。

过去的人们对职人，往往充满了尊敬与羡慕，与如今的人们对于玩乐器的、做秀的体育明星所抱有的心态也许是一样的吧。

然而，与“往来物”相同的梦之书，还有以职人为题材的《职人歌合》（職人歌合）。该书的形成，可能是在比“往来物”更早的时代。

所谓“歌合”，是将人群分列左右，咏唱各种短歌，由裁判来判定优劣、判断胜负的一种竞技活动。由各种职人来进行的歌合就是“职人歌合”。

自从镰仓时代后期（13世纪）《东北院职人歌合》（東北院職人歌合）以降，还有《七十一番职人歌合》（七十一番職人歌合，15世纪）、《三十二番职人歌合》（三十二番職人歌合，15世纪）、《今样职人尽歌合》（今様職人尽歌合，19世纪）等流传下来。日本复古国学的集大成者本居宣长门下的石原正明[33]，自告奋勇地加入了《江户职人歌合》的编辑工作，以期对抗大阪的歌人、国学者黑泽翁满[34]刊发的《难波职人歌合》（難波職人歌合）。职人一直是各地引以为傲的人群，至今未变。即便有身份的制约，但年轻人还是把“职人”当成最憧憬的职业。

职人多为女性

职人虽然也有着一般人所具有的好奇心，但对于西洋的东西从不问津。

在16世纪的西方，汉斯·萨克斯（Hans Sachs）[35]所著的《西洋职人》一书非常有名。

他所描述的职人多种多样，从中可以看出当时的社会已经比较成熟。如同书中所说的“解说了所有的工种”，内容不仅限于职人，甚至涉及法王[36]。但是，《西洋职人》里没有提到女性。在欧洲的职人中，男性是具有压倒性地位的。

不用说，没有女性并非是绝对的。13世纪，在艾蒂安·布洛瓦（Étienne Boileau）[37]以巴黎的职人为题材的《职人之书》中，提到了作为绢织物职人、啤酒酿造师、厨师等的女性。意大利布拉诺岛（Burano）[38]上的威尼斯人的蕾丝编织等工作，也都是由女性来承担的。

尽管如此，在中世纪的日本，职人社会对女性的进出还是比较宽松的：在“职人歌合”时能够看到，做售货员的女性多得惊人，卖烧饼的、卖酒曲的、卖馒头的女性更是不胜枚举。

卖浆和服的浆料者多为老年女性，平贺源内[39]以风来山人为笔名写成的滑稽书《根南志具佐》中，出现了“冥河老妇变为卖浆料的”“果然是银发老妇在卖糊”的川柳[40]。

胁田晴子[41]的《中世纪的女性》（中世に生きる女たち）一书，是一本将中世纪女性在男性社会阴影下的实际生活生动地展

现出来的名著。该书提到，自古以来制作陶器和酿酒等工作的职人很多都是女性，以男性为中心是近代中期以后的事情。

的确，织丰时代[42]来日本的耶稣会牧师路易斯·弗洛伊斯（Luís Fróis）[43]在其留下来的报告书《日本觉书》中，记述了其亲眼所见的女性之强势，在此介绍部分：

“在欧洲，夫妻财产为共有。而在日本，各自有自己的一份，有时，妻子借钱给丈夫要收取高利。”

“在欧洲，是男的要与女的离婚；而在日本，常常是妻子要与丈夫离婚。”

“在欧洲，女性喝葡萄酒是非常不礼貌的；而日本的女性则频繁饮酒，在祭礼上常常喝得酩酊大醉。”

“在欧洲，夫妻在一起走路时，是夫在先；而在日本则是妻子走在前面。”

“在欧洲，妻子没有丈夫的允许不能外出；而在日本，妻子自由在外而丈夫却不知道。”

由此可见，弗洛伊斯是在仔细观察日本的女性。为被叫作“大和抚子”[44]的“女大学”写训导书，则是江户时代以后的事了。也许中世纪的日本女性比欧洲女性要强势吧。

江户时代，女性绝非是弱势。这一时期，朝鲜通信使曾 12 次访问日本。为祝贺德川吉宗[45]就任而来日本的通信使，在赞赏了日本女性如同白嫩的人形[46]那么美的同时，也对日本妇女能够在外自由行走表示惊讶。如果是在儒教之国的朝鲜，这简直是无法想象的。

进一步说，明和元年（1764），一出名叫《朋友》（ともよ）的龙套剧由女大力士们在音羽（东京文京区）的护国寺演出，引起了人们的关注和评论。大八车（运送行李的两轮车）上装有5个五斗俵[47]（约150公斤），装得高高的，被运送。平成十九年（2011），女子75公斤级举重中抓举的世界纪录是137.5公斤。即便大八车不加上其本身的重量，也很轻易地就超过了举重的世界记录。

此外，女性仰面而卧的腹上，可以放一只大臼，或者是单手一挥，棋盘上插着的百目蜡烛全都熄灭了，这些都是不可想象的。那个时代的男性都被当作儿童看待。

理解江户时代，必须要加上“女性强势”的事实。

“座”的诞生

“店”，用来陈列商品的“见世棚”（陈列柜）是其由来，过去读作“たな”（棚）。

无论何时，职人的发展都取决于他们所制作的东西是否畅销，于是就有了“商”的动议。为了秋天进行产物的交易，就有了“商”的说法。把进行交易的场所叫作“市”，四日市[48]和八日市[49]等便成了地名，“市”从设立之日起就作为原地名而遗留下来。

商业的发达，为政者就要考虑从中收取税款。但一味收取税款容易引起不满，因此考虑给予他们垄断商卖的权利，其代价是他们需要上交一部分库存。于是，就有了被称为“座”的拥有特权的同业者集团。

如同前面所述的太子讲那样的同业者的集聚，出于政治性的意图，自然就将“座”做成了同业者的集聚。室町时代初期，足利[50]将军准许各地守护和寺院设立“座”。此后，在京都、奈良、天王寺、堺（现为日本的都市，堺市）等多数中心都市和沿街的街区都设立了“座”。

其中，石清水八幡宫[51]支配下的大山崎油座[52]，将苏子原料的采购、成品油的贩售进行全国性的垄断经营，难怪他们自夸有着强大的势力。

将油分装至其他容器时，是不容易马上就滴净的，所以要在这期间，和客户聊些人情世故，“卖油”[53]一词的语源便来自他们。无论怎样，收集各地政治形势的情报者也在其中。斋藤道三[54]在美浓[55]卖油的传说仍在流传中。（现在也有很多人说，那时卖油的是其父亲长井新右卫门）

乐市、乐座的掌权者们

一旦要在商贸过程中制定规则，为规则而寻找退路者肯定会出现，这在任何时代都一样。日本进入战国时代后，出现了不服从垄断的工商业者。他们为了寻求营业的自由，与原有的“本座商人”之间产生了激烈的纷争。

战国大名[56]的意识有所变化，认为为征收税金而立了很多山头并因此而设座，是一件本末倒置的事情，完全阻碍了领国[57]经济的发展。因此，一些特定的城市废止了座并撤销了市场税和营业税而进行自由贸易，这些行为受到领国外商人的普遍欢迎，人们将其称为“乐市、乐座”。

坊间流传是织田信长[58]最初实行了这样的政策，其实还有比他更早的。天文十八年（1549）近江国的六角定赖[59]在其所在城市观音寺城颁布了“乐市令”，这在史料中是第一次出现。

织田信长发布的乐市、乐座令涉及的规模很大，除了他自己的领国美浓、加纳[50]、近江[61]、安土[62]以及近江国的金森[63]之外，其属下的诸位大名也在领地的市镇传达与实施。

然而，信长的势力并未涉及到公家与社寺支配的座，此后也依然如此。座才是支配他们生活的所在。

接替织田信长政权的丰臣秀吉[64]，暂时允准了京城的社寺与公家在洛中洛外（京都的街市和郊外）的座之权利，等政权稳固后，又废除了这种权利。这样的乐市和乐座不是为振兴产业而制定的政策，而是以夺取社寺与公家的财政基础并使之弱化为目的的。

要是这样，商贸的权利成了政治争斗的工具，职人的盛衰在很大程度上必须依赖掌权者采用的政策，在此进程中确实能够看到职人在技术上所取得的进步，如同鲜花盛开。

天才的登场
——本阿弥光悦[65]与小堀远州[66]

只有在当今，僧人与职人的“姓名”才会引人注目。而在过去即使有例外，无论他们做了怎样的好事，人们只会关注发订单的掌权者的姓名。如此现象，不只限于日本，在中世纪的其他国家也是如此。

但是，离开了中世纪的桎梏，个人的自由畅想才会有舞台，到那时才会出现技能出众者，才能够生长出按照自己想法进行创造的翅膀，世间才会出现天才。

文艺复兴不仅是意大利的现象，在日本也有像列奥纳多·达·芬奇（Leonardo da Vinci）和米开朗琪罗（Michelangelo）那样多才多艺的天才，那就是本阿弥光悦和小堀远州等人。

“折纸”这个词在日语里的本义是指鉴定书。在室町时代，刀剑的折纸多出自本阿弥家族。出生于本阿弥家族的光悦，作为“宽永三笔”的书家之一，他在陶艺、漆器、茶等领域也是屈指可数的第一人和明星。

元和元年（1615），本阿弥全族带领村民、职人等的法华宗的信众迁往从德川家康[67]那里领得的属地洛北鹰之峰，以至一座艺术村的诞生。在此，可以看到日本职人文化的一个顶点。

另一位小堀远州，在茶道、建筑、庭院、和歌、书法等方面都有杰出的成就，是江户时代初期文化方面的领军人物。他创造了名为“绮丽锈饰”幽雅而有心的茶道，并成为德川将军家的茶道指导。

作为近江小室藩主（一万二千石），他与其说是职人，还不如说是消费者。因担任骏府城作事奉行（负责处理一切工事的官员）时有功，进而担任从五位远江守，故开始以“远州”为号发挥种种才能。他专门为桂离宫[68]、二条城[69]、名古屋城天守阁[70]、备中松山城[71]、伏见城本丸书院[72]等处的建筑和庭院进行设计，大德寺[73]孤蓬庵、南禅寺[74]金地院等也是他完成的代表作。

德国著名建筑师布鲁诺·陶特（Bruno Julius Florian Taut）[75]称小堀远州为“日本最大的艺术家”，称赞其作品桂离宫是“日本前所未有的最高的建筑发光点”。(《日本文化私观》)

三、江户时期的职人文化——走向现代的运动

飞鸟时代或此前，日本的职人文化绵延而持续发展。现代传承的职人文化，多数来自江户时代并保持着相对稳定的状态。

德川宗家第 18 代的代表人物德川恒孝[76]在其《江户的基因》（江戸の遺伝子）一书中描述，经过了天下如同一团乱麻一般的战国时代，日本在当时恐怕已经成为世界最大的铳器保有国，在德川政权日益巩固的同时，停止了频繁的战事，这在人类历史上是罕见的。此后，出现了长达 265 年的和平时期，被叫作“德川和平”。

这一时期，不仅是职人文化，所有的文化都迎来了绚丽多彩的成熟期。

平成十五年（2003）——该年是德川家康开始幕府统治 400 年的纪念年，因而举行了各种庆典活动。此后，“江户”成为另一个时代。

提到江户，让人想到的与其说是武士，还不如说是市民。进而，在谈到江户时，与其说是市民或商人，还不如说会让人联想到职人。如此说来，“江户气氛”还不如说是“江户的职人气氛”，这是一种历史的必然。

文化诞生之地：江户

“江户”的地名，是因为水要流过一个大弯才能流入江户湾，故此地被叫作“江之门户”，这就是其由来的通说。而在东京都内则又有荏原的地名，因“荏”有土地肥沃之意，故有“荏土”（其日语读音与“江户”同）这一奇说。

关东[77]曾为蛮荒之地，那里将田园风格的简陋的家叫作“四阿”。反之，有高雅之意的“雅”这个字，原本是从京都的风俗中来的，可见京都、大阪是有文化的先进地域。

现在，向东京方向开行的列车都是“上行”，东京作为国家的首都已经成为国家的中心。而在明治时代以前，将军居住的江户没有天皇居住的京都规格高，所以将京都与大阪叫作“上方”。

上方的商品被叫作“下行物”，被视为上等的物品而受人珍重。任何物品只要与“下行”联系起来就好卖，如“下行挂面”“下行酒”等，众多的物品都被冠上“下行”之名。在关东卖不出去的商品，被叫作“没有下行”，看来与上方还有着较大的差别。

德川家康入府江户之际，与之相伴的是京都的土木建筑工头中井大和守[78]与众多的职人。此时，德川家祖传领地三河的职人们多住在神田桥御门的东北方向，形成了神田三河町（现日本东京千代田区内神田一丁目周边）。冈本绮堂[79]的《半七捕物帐》中的主人公半七亲分就住在这里，在他的作品中被叫作“三河町的亲分”。

宽永元年（1624），在德川政权日益巩固之际，为营造日光东照宫[80]，集中了全国大量的职人。在京都和奈良，那些被选中的职人收到离家出府的命令，在水户藩[81]邸前的空地上搭建工作小屋，并在规定的日期内集合登记。

就这样，职人们陆续集中到江户，但职人的待遇并没有因此变差。担任这种公共事业的“国家级公务员”，拜访了职人们的住宅，并给予他们相应的社会地位和物质条件，在小田原町领受到府邸的关八州石匠栋梁石屋善左卫门[82]便是其中一例。幕府御用的职人头领的子孙后代，多被称为“三河以来”“权现样以来”，并长年受到幕府的关照。

以“国役”职人为发端而进一步增加的职人们，在日本桥周边形成了职人居住的职人町，其中有大工町、锻造町、木挽町、大锯（即长约2米的大型锯，两端有拉手，由两人操作）町等。町内众多长屋玄关的挡板由广告板替代，他们在上面书写“提灯屋”等与职业有关的信息，文字与绘画代表了他们的意趣。

不愧是在宝历年间（1751—1763），江户周边及东北的工业生产逐步繁荣。野田[83]和铫子[84]的酱油等，被叫作“江户附近的物品”，当地的物品品质也有了很大的改善。

于是乎产生了新的特产。日本最早生产玻璃刻花杯是在江户时期，出于天保年间（1830—1843）的加贺屋久兵卫[85]之手。他在江户开设玻璃店，用金刚砂在玻璃表面雕刻加工。此外，江户笔、江户竿（指鱼竿）等也是知名产品。

职人的工作场所如同绘画作品里所描绘的那样。在歌川广重[86]

的《名所江户百景》中，有一幅以《神田绀屋町》（神田紺屋帳）为名的浮世绘。画面中，屋顶上是成组的晒场，纵长的画面从上到下是一条细长的蓝染浴衣面料在随风摇曳，远方能够看到富士山，构图非常大胆，洋溢着江户的情调。这就是江户的日常风景。

被叫作名人者也出现了，栋梁、鸢、左官被称为“江户三职”，其中被称作栋梁的名人就有左甚五郎[87]。相传他将削过的两张板合在一起扔进池子，水的表面张力也不能使其分开，这样的名人技能现在已经没有了。除了京都知恩院的“忘伞”（雕刻作品）之外，相传日光东照宫的“睡猫”和“三猴”（看猴、听猴、说猴）的雕刻也是他的作品。

“江户之华”产生的职人需求

幕府以来，因江户的人口急剧增长，江户对职人的需求也随之增长，如此规模巨大的职人需求世所罕见。即便在江户城相关的营造工事告一段落后，也依然有许多其他工事。这是因为不仅幕府，大名府对职人的需求量也很大。

未曾想到江户集中了如此众多的职人，不久来自各地方的家属开始在江户定居。这些职人们被叫作“御造营遗留组”。

再加上，正如“火灾与吵架便是江户之华”[88]所提到的火灾多了起来，营造与火烧来回反复，建筑工程仍然不见减少。到明历三年（1657）的振袖火灾[89]，实际上江户已经被烧毁55%，这是一次毁灭性的灾害。

对此竟然没有对策吗？绝非如此。上野[90]广小路的遗留地名“广小路”，便是曾经设置的防火地带（即“火除地”），当时还曾组织街区消防队（此处曾是鸢的职人活跃的地方）宣讲各种防止延烧的办法，结果火灾逐渐减少。在江户少于二成的土地上，居住着江户总人口的一半，居民人口稠密，而房屋的材料多是易燃物，这些都是致命的。在高温多湿环境中生活的日本人，无论如何也不可能离开木材与纸张建成的家。

民众对火灾非常恐惧，然而一旦发生了，心情也很快就转换了。他们知道，大火之后运气会好转。在某种意义上，也可以理解为巨大的烧田作业。

优秀的职人们在每次火灾后，都会以惊人的速度进行街区的重建。一切都是准备好的，大店的商家依赖拥有木场（现东京的江东区木场）的木材商，将在重建自己的店铺时所需的木材预先保存起来，一旦出事，马上能备齐木材，将“榫”打开，然后按照设计图组装成应有的形态。在江户开设荷兰商馆的荷兰人，看到日本人在地面尚有余热时就开始了店铺的重建，这令他们很吃惊。

如此不必惊奇。路易斯·弗洛伊斯在《日本觉书》中写道：“在日本，先将能够构建家居的所有木材加工好，然后再问建在何处。”与庙宇不同，当时的百姓民居与现代的预制住宅并无区别。

自元禄七年（1694）到明治维新的174年间，在日本桥室町的店铺三井越后屋（今三越百货的前身），因火灾而反复建造有12次，这是非同寻常的。

经历过火灾的越后屋，将所有商品都放在耐火仓库里，有客人需要时才拿到店里，这是相当麻烦的。要是仓库周边因大火而温度上升，吴服的面料等很容易炭化，我想，即使不被烧毁，也会失去价值的……

江户时期不仅有火灾，还有频繁发生的大地震，每回房屋和庭院都必须重建。在江户发生的超过一万人死亡的安政大地震（安政二年，1855年）后，对职人的需求量很大，周边城市的职人大量流入江户。

江户的气质与职人

为了满足江户对职人的巨大需求，过去的父子传承已经不能适应，组建大规模的职人集团才是要务。因此，确立了将师傅下面的弟子培养成匠师的门人制度。“师傅”的说法最早出现在平安时代的文书中，最初读作“おやがた”。

贫困的家庭为了减少吃饭的人口，让9岁左右的小孩子早早外出学徒，开始了数十年的扎实修行。积年累月成了一名可独当一面的职人，仍需要一至两年的奉公[91]。这种习惯早就有了。也有人在奉公结束后，去到比师傅更高明的人那里做弟子，使自己的技术更精进。

一旦奉公结束，师傅要给弟子买同样的工具。他们的工作服大体上是半袖的，由实际工作来决定，多数情况下也是由师傅置办的。

然而，从师傅那里得到的最为重要的，是证明能够独当一面的“鉴札”。幕府时代以来，曾经数度发出无鉴札者不得被雇佣的公告（是由街道的办事机构发出，到明治时代依然如此）。鉴札相当于营业许可证，这也是职人质量的保障吧。

职人大致可以分为“居匠”和“出匠”。前者是指在室内场地工作的职人，而后者则是指像大工那样外出工作的职人。工头（职人头领）与外聘职人之分化也是从江户时代开始的。

江户市六成以上的土地都是武家（指江户的统治者）的，居民的住家不足 10%，居民约七成是租房借住，就像相声里说的那样，里长屋是木工、小吃厨师、卖熟肉的世界。多说一句，创造出现代相声原型的，是剧作家也是狂歌师的第一代人乌亭焉马[92]，他作为庇护式亭三马[93]和柳亭种彦[94]的人物而众所周知。

相声“职人话”的题材内容来自职人，尤其是“与太郎话”系列所描述的大工，人生的奥妙、喜怒哀乐都是最好的描述材料。由于乌亭焉马是江户大工栋梁之子，相声中出现大工的内容也是自然而然的。

职人基本上都过着清贫的生活，只有那些幕府御用的职人头领才会领到分配的房屋，但也只是一部分人才有。外聘职人、将住宅作为工作场地的居匠，所居住的都是普通的如同时代剧中出现的那种里长屋。

里长屋的结构是长屋与长屋夹着过道，过道上有公共的水井、厕所和垃圾屋，或者狭小的住宅。过道的中间有一条排水沟，上面有沟板可以通行。近来，基本上已经看不到了。标准房间基本上是由4叠[95]半的起居间和3叠左右的地面，再加上壁橱、厨房与玄关等组成，总面积大约8叠。

如此便是江户庶民的状态，昭和五十年（1975），在都立一桥高中的校舍改建工程中发现了长屋的遗址，因此有了更加详细的资料。发掘结果表明，过道的宽度只有令人吃惊的3尺（约90厘米），这一定是很难受的。可以想象，一旦出现瘟疫、火灾等，结果必定是毁灭性的。

住的地方如此，他们还自嘲是“身无隔夜钱”的一群人，最为典型的就是“江户之子”。

文献中“江户之子”，最早出现在明和八年（1771）咏唱的“江户孩子要穿的稻草鞋”（江戸ッ子のわらんじを履くらんがしさ）的川柳中。原文中的“らんがしい”（乱がしい，“乱、骚乱”之意）与近代的江户语“騒がしい”意思相同。之后，“江户之子”一词在洒落本（景点的浏览指南）和黄表纸（同现代漫画本）等物品上频繁出现。

“鲻背”，这也是象征“江户之子”的语言。鲻鱼幼小时，背上有着微鼓而平滑的流线型，是有着骁勇肌肉的年轻人的代名词，多在日本桥鱼河岸的青年人中间流行。文政期间（1818—1829）的佃节（江户时代在隅田川上往来的凉舟上流行的歌谣）中，有一节唱道：“流动的深川，鲻背的神田，人坏的是麴町”（いきな深川、いなせな神田、人の悪いは麴町）。当时，大工等职人多住在神田的“鲻背”街区，鱼河岸的青年们在职人的面前旁若无人。

一句众所周知的川柳“江户的孩子不出生，便不赔钱”，说出了江户之子的气质。买了各种各样的物品储藏起来，一旦遭到火灾便归于灰烬。当时，大工的工资在幕府的统治下是额定的，一但遭到火灾后，工资上涨，远远超出了规定的额度。即便你家被烧，如果有本事的话，你就自己挣钱解决，这样的想法也不是没有道理的。

不同工种的职人每天的生活大体上都是相同的：

每天上午大约 8 点开始工作，上午可以休息 1 次，大约 30 分钟，中午有 1 个小时的午休，午后又可以休息 1 次，时间大约 30 分钟，到 6 点时结束工作，工作时间加起来有 8 小时。全国的职人大体如此，假日基本上是每月的 1 日与 15 日。另外，五节句[96]有 5 天，新年休假从腊月 26 日到 1 月 8 日，盆休（中元节）是 7 月 11 日到 20 日。此外，大工若是碰到下雨也可以休息。

劳动天数在双休日制实施前的现代企业中基本上没有变化，一天的劳动时间与现在的人们也大致相同。

然而，现代人与江户时代的人在体力上有着很大的差别，松尾芭蕉[97]进行《奥之细道》[98]的旅行时是 46 岁，全程约 2400 千米，大约要走 150 天，平均每天约 16 千米。除去在同一地点停留的时间，一天步行大约 50 千米。对于每天早晨挤电车的现代人来讲，这也许是相当疲惫的。

关于收入，在前述章节中，谈到明历大火之后幕府重建街区时已经有所介绍。在大工与茅草屋职人、左官（泥水匠）、石切（瓦工）、叠刺（铺设榻榻米的职人）等职人中，有着上中下的等级，最上等的职人一天日薪的上限是不能突破的，据说一人一天的伙食费只有三钱银子。

顺便说一下，“钱”表示基本的一文钱的重量，如今五日元硬币的重量正好相当于一钱。另外，它还作为银货[99]的货币单位被使用，在这样的情况下，六十钱可以换算为一两。

将江户时代的货币价值放在现代来换算是困难的，通常采用的是“一两 = 十万日元”，那么三钱即五千日元，除去下雨等情况的实际天数大约是一月有 20 个工作日，一个月的工资是十万日元。隔夜的钱不是“没有剩下”就是“尚有剩余”，这就是现实。

地方的职人

本来，农民基本上过着自给自足的生活，在农闲时编织草鞋也不是为了换钱，而是为了自己穿。变化发生在 18 世纪下半叶，为了得到现金收入，农民开始了蚕那样的农副产品的生产。

一开始进行副业生产的不是农民，而是一些贫穷的下层武士。其中，以兼职者为多，竹伞贴纸不光是浪人[100]的副业。另外，武士的副业也多了起来，如提灯贴纸和竹篾工艺，住在下谷[101]三味线堀周围的宫廷仆佣则养殖金鱼。

诸藩国也开始着力振兴各种产业。与江户一样，各藩国的城下町也留下了锻造町、绀屋町、细工町、叠町、箪司（橱柜）町等的地名。从来都是注重新田的开发，但在这些方面也有局限。18 世纪下半叶，受浅间山[102]喷发的影响而饥荒频发，推动了各藩的产业发展。

作为元老的松平定信[103]开始推进宽政改革（1787—1793），他的家里集聚了一批各国的大名，催生了一个关于领国经济应当如何进行的研究会。(《江户的基因》)

之后，各藩开始尝试对江户和大阪进行贸易“输出”，萨摩藩也开始秘密地与当时的琉球进行贸易。漆器、织物、蜡烛等各地的地方特产大量涌现，如此繁荣的生产一直延续到现在。

京都与大阪并没有因为江户职人的隆盛而沉寂，京都的繁华即使经过江户时代也依然未变。元禄四年（1691）二月，荷兰商人江户参府[104]途中曾到京都访问，长崎的荷兰商馆医师恩格尔贝特·坎普弗尔（Engelbert Kaempfer）[105]将当时的情形记录在他的著作《江户参府纪行》中，如下：

> 京都无疑是日本工艺、手工业与商业的中心地区。基本上看不到什么都不卖或者什么都不做的家庭。
>
> 京都，有着以悠久历史和传统为背景的职人聚集的街区，以西阵织[106]为首，武具、莳绘[107]、陶瓷器、漆器、人形玩具等，众多高级美术品的职人在此竞技。
>
> 18世纪江户的人口约100万人，京都与大阪的人口差不多，均约在40万人。然而，江户的町人[108]人口约50万人，而京都和大阪基本上都是町人，故两都市的职人数加起来要比江户的多，职人的存在感也强。
>
> 江户、皇城以外的地方职人如今都是健康向上的状态，

幕府末年的地方职人的水准已经是人所共知的，根据宇和岛藩[109]的介绍，了解了亚洲最早的蒸汽机船的建造。

幕府末年，宇和岛藩的藩主伊达宗城[110]听从了高野长英[111]的进言开始计划蒸汽机船的建造，担任船体设计的是绪方洪庵[112]门下的佼佼者村田藏六[113]。他具有兰学[114]的知识，看设计图时能够拉着看。

然而问题是，如此重要的蒸汽机关是由谁制造的？此时，在八幡浜里长屋中悄悄生活的叫嘉藏的职人被选为蒸汽机关的制作者。

此人以古提灯的糊纸为业，但亦不足以糊口，有时也修理佛坛、马镫什么的，尽管如此仍未改变其贫乏的生活。他是一个身通百艺，却穷苦一生的职人。

嘉藏当然一次都没有见过蒸汽机关。尽管如此，他在与藩的工人交谈时，从这个工人那里听到关于蒸汽机关的事情，当即以机械室动力部的齿车为模型进行试验。经过诸多尝试，终于制造出蒸汽机关，一举成功。村田藏六对嘉藏赞不绝口，称其“若是在欧洲一定是大学教授”。

这些话语，证明了日本职人所拥有的潜在能力的高度。嘉藏那样的职人在日本还有很多，明治维新之后，快速地实现了工业立国。本来，“工夫”一词来自“人夫工手间”（此处的“人夫”即职人之意）。（《大言海》）创意工夫是职人的专利。

四、职人言语中所见的质朴的职人

职人的语言与人们日常会话中意思不一致的有很多，已经是国际语的“根回”（因缘际会）便是其中之一。这句话原本是指京都的庭院匠师在移植树木时，对树的根部周围进行处理。

平时认为不会接触到与刀有关的用语，也有趣地深入到日常生活中。

“淬火”、“淬火过硬”（火力太过），“锻炼”、“しごく”（锻炼的事情），“锤炼”（师傅用锤打击锻件后，徒弟接着打）、“锷相合”、“切羽诘”（固定切羽与锷的表里的金属构件）、“目贯通”（目贯是刀剑柄上的金属装饰）、住“削棱”（棱是刀背接近表面的突出部分。若是对手的刀杀过来，就用那里挡住）、“刀不合鞘”（脾气不合）、“收在原来的鞘里”（言归于好，破镜重圆），等等，这些都是大家容易理解的语言。

多说一句，《土木工程》（ガテン）是招聘职人的杂志。感觉“合点”也是职人会用的语言，但此反倒与职人无关。“合点”是中世纪时在和歌的世界使用的语言，指的是在歌会上用黑丸和白丸来进行评点的器具。

职人的语言有时是同一职业的同事之间使用的隐语，只有他们能懂。以下基本上是“与职人有关的语言”，也能够反映职人的实际状态吧。

盗技

酒店的激烈竞争是陌里巷间都知道的事情。每次访问日比谷的东京帝国酒店[115]时，都会感觉这是一个能够给予感动与安乐的场所。这里的酒店员工们，以代表日本迎接国宾而自豪，为提供上乘的服务而倾注了全身心的精力，确实是一个职人集团。

其中尤其是厨房，更是我们能见到洋溢着职人气质的场所。村上信夫[116]长期担任帝国酒店的总厨师长，可惜前些年已经过世。他著作的《帝国酒店厨房物语》（帝国ホテル厨房物語）中有一章节是《食之职人》（食の職人），描述了一个要求严格的职人世界，让读者有着强烈的临场感。

书中还写道，帝国酒店的见习台上摆放着要洗涤的“赤铜锅”。被叫作“赤铜锅”的沉重铜锅有几十斤重，是每天必须清洗和打磨的。前辈的目光无处不在，即便是洗锅，如果注意力没有集中的话，就会出大乱。偷学前辈的酱汁做法时，洗锅之前，对锅底残留的一点酱汁进行品尝，这时的心脏都要跳了出来。

虽然前辈是手把手地传授烹饪的技术，但不会将所有的都教给你，那时，一种终生都要洗锅的焦虑感就会涌上心头。要做菜谱的传承人，必须拥有忍耐力和上进心，还必须是获得认可的帝国酒店的厨师。这实在是个严格的世界。

歌舞伎[117]中有《新薄雪物语》（新薄雪物語）这一狂言[118]曲目，其中有一个情节是父亲为了知道秘传的日本刀的淬火水温，自己试水温而得手，而他儿子的胳膊却被那个刀匠砍掉，因而出

现了令人沮丧的严酷场面。（此处不再赘述）

威尼斯将其职人及手工作坊集中到布拉诺岛上，就是为了不让技术外流。虽然岛上的职人人数不足，但也不聘请外来的职人。无论在哪里，他们对技术传承的要求很高。

再介绍一个《帝国酒店厨房物语》中关于“盗技”的故事。

去扎幌的酒店进修以求提高手艺，并在当地被称作“天才少年员工”的青年三国清三[119]，以成为“日本第一厨师”为目标去了东京，进入帝国酒店。扎幌“天才少年员工”的重新入职，照例也要“清洗赤铜锅”，三国并不气馁，而是坚持要做就做得彻底，每天把赤铜锅擦得能够照见人脸。

这样的事情被“白领”村上信夫知道后，很快就根据瑞士大使馆的委托将三国推荐过去做厨师。三国当时才 20 岁，因其太年轻而让大使面露难色。

“完全没有问题，我负全部的责任。”

村上拍着胸脯说。

在三国彻底打磨铜锅的过程中，一定能看到他超强忍耐度和积极向上的意愿。有着“撒盐要三年”的说法，村上看到年轻的三国撒盐的方法，基本上等于看到了他的才能，他撒盐的样子对于推荐他去瑞士大使馆做厨师起到了决定性的作用。“实际上在制作料理时，其关键在手腕。”这是村上说的。

可是在去瑞士大使馆时，三国从村上那里听到：

“（拿着钱）不要浪费哟。”

这样一句严肃的嘱咐，指的不是节约这件事，而是要有效地利用金钱去“偷学正宗的料理”之意。三国谨守师言，从被称为“神样”“至宝”的厨师那里学技和盗技。以至归国时，他的钱包里只剩下 1800 日元。

村上和三国能做出法国人喜欢的法式料理，不只是因为单纯的灵巧，更是因为他们的勤勉、认真、努力和不辞劳苦的付出。

在被动的时候，无论如何都不能掌握技术。技不是教育出来的，“盗技”才是职人世界的想法，今后也不会改变吧。

体认

职人的世界是口传心授的。“二战”后，帝国酒店严禁体罚，而村上年轻时曾遭到前辈厨师的痛打。

就连年轻时在大阪船舶场的汽车商会开始其职业生涯的松下幸之助[120]，也有过同样的经历。当时，由于缺少电动工具，后辈就必须为前辈转动如同方向盘那样的旋盘。连轴转动 30 分钟，手腕就会酸软。如果转慢了也会遭到前辈职工的怒骂，他们甚至会用榔头敲你的头。

如今，“虐待”会引起骚乱。过去的人忍耐性强，今天的年轻人无法与之相提并论。用手已经不再是必须的，因而在“二战”后，青年人的“忍耐”水平逐渐下降，这是值得注意的。若是不能忍耐，就没有可能像职人那样身怀绝技。有才能者，方能留下，就是自家的弟子也必须接受严格的要求。好的教育，是优秀职人的必备条件。

但是时代变了，能够做入室弟子的人在减少，没有信心的青年人逐渐辞职离去。职人感觉到自身存在危险，这是因为很难找到年轻人来做后继者。可是，没有耐性的职人所做出来的东西已经难以感人了。

新米

“新米”一词的语源，竟然是源自与米毫无关联的商家语言“新围裙”。

在商铺里，新参加工作的人需要“职业装”，除下装以外的衣物都会发放，即今天所说的制服。此时，同样发放的还有新的围裙（新围裙）。

大阪的码头被称作“新前”（しんまえ），后来混入了江户口音，变成了“新米”。

如此，在职人的世界里，“这里，新米！”的声音，如今依然到处都能听到。

吃他人的饭

在江户时代，根据职业种类的不同，必须要有不同程度的过渡职人的经历。若无此经历，则不会被视为独当一面的职人。在多个地方练手的“过渡”制度，在德国以及欧洲的学徒制度中是较为普遍的，“吃他人的饭”（为他人工作，积累经验）的重要性在各个国家都是一样的。确实，“在包袱里装入一把菜刀”正如演歌[121]（“月之法善寺横町”）里所唱的。

当职人想把技艺传承给自己孩子的时候，考虑到会包庇他们，所以就让他们到其他同业者的门下去修行。这种做法也不仅限于职人。

江户末期的医生、兰学家绪方洪庵，也是让子女外出修行。但是，由于被指定的私塾太过严厉，儿子随意转到了其他的私塾，绪方听说后大发雷霆，竟然要断绝父子关系。

严厉是走向一流的通行证，这是那个时代的话语。

绝活

职人往往拘泥于工具，于是工具的名称自然也会引起人们沉思。

如过去，身怀绝技的玄翁和尚[122]曾因用异能击碎了九尾狐传说中的“杀生石”而闻名。在此，用“玄能”也是恰当的。

流氓

有一种赌博的方式叫“扎金花”，规则很简单，分发的3张牌加起来，数字接近9的人为赢家。如果有一位数是0，则是离9最远，即最坏的手气。

职人集中精力是必要的，有时心情不好也就无法工作。为此，这样简单的“扎金花”可以缓解心情。因此，在职人的语境中，也加入了“扎金花”的语言。

“八（や）九（く）三（ざ）”就是那样的。职人中间，“那是个流氓小子”“是流氓的工作”这类话是作为很厌恶的语言来使用的。八与九、三，加起来是20，有一位数是0，确实是最坏的手气了。把暴力团（日语读音“やくざ”与“八九三”同音）说成是“流氓”，这就是其语源。

趣味与规矩

有趣味的语言是存在的。美术评论家柳宗悦[123]曾经说过，高级的工艺品叫作“上手物”，与之相对的则被叫作“下手物”。

另一方面，所谓“半竹”[124]，在职人的语境中有“半吊子”的意思。

过去，将在港口上卸货的劳动者，叫作“冲仲仕”。本来是倔强男性的职场，后来也有一些妇女和儿童去工作，获得的工资还比较高。每往返一次会得到一根竹签，对于妇女和儿童来讲，因运量少只能得到半根竹签。半竹便是这种场合下的语言。[《职人语言的“技巧与结构”》（職人言葉の「技と粋」）]

另一方面，飞驮[125]的语言中有“半成品”（半途而废）的说法，我想这有可能是来自飞驮职人的语言。

根据传统技术的不同，每个人做到独当一面所用的时间也不同，但共通的是“要达到炉火纯青的地步，是一辈子的修行”。

守破离

所谓“守破离”，是茶道的江户千家（不白流）的开山祖师川上不白[126]在其《不白笔记》（不白筆記）中使用的语言。就连能乐[127]、狂言等艺术世界，与职人的世界也是共通的，也会考虑“守破离”吧。

最初为了遵循师傅吩咐的工作（守）；只有独当一面的时候，才可以在已有的基础上再创造（破）；当技术达到极致的时候，也就踏入了完全是独创的世界（离）。

注释

1 天照大神：又称天照大御神、天照皇大神、皇大御神、天照坐皇大御神、大日灵贵神、大日女尊、大日灵，日本神话里三贵子之一、高天原（天界）的统治者与太阳的神格化。被奉为日本天皇的始祖，即皇祖神，也是神道教的最高神。天照大神的主要祭祀地是伊势神宫，以八咫镜为神体。

2 石凝姥命：日本神话中的神之名，镜作之神。相传是镜作远祖天糠户的御子。

3 天香具山：原为高天原的山，后来坠落到下界。也叫香久山或香具山，现指日本奈良县橿原市的小山（海拔 152 米）。从这座山上取土制作的陶俑，被认为具有特殊的力量。

4 八咫镜：日本古代传说中的三种神器（另外两种是草薙剑、八尺琼勾玉）之一。指巨大的铜镜，咫表示长度（周制的 8 寸），为记纪神话中的石凝姥或天糠户所制，是古代祭神仪式上用于招迎日照大神的神器。在日本传统的宗教观念中，镜子可以看作是日照大神的象征。

5 八尺琼勾玉：日本古代传说中的三种神器之一。勾玉又称曲玉。古代天照大神隐藏在天岩户的时候，由众神选出来的真神身上都挂有曲玉，是继承皇位的象征，多放在宫中三殿的妥善之处。

6 圣德太子：574—622，日本飞鸟时代的皇族、政治家，用明天皇的二皇子。作为推古天皇时的摄政，与苏我马子共同执政，执政期间大力弘扬佛教，引进中国的先进文化、制度，制定冠位十二阶和十七条宪法，意图建立以天皇为中心的中央集权国家体制。著有《三经义疏》《四天王寺缘起》等。

7 太子讲：仰赞圣德太子的宗教讲式，木工或是与建筑相关的工匠们，各自团结同行组成团体，以圣德太子为守护神进行的职业讲。圣德太子在位期间，是日本寺庙建筑最为发达的时期，所以江户时代的职人如木工、泥瓦匠、铁匠、屋顶修葺、箍桶等多将其作为始祖供奉起来，每年在其忌日的 2 月 22 日举办太子讲。

8 旧历：日本 1872 年以前使用的一种太阴太阳历。现已很少使用。——编者注

9 孝养像：指圣德太子 16 岁时，发愿其父用明天皇的病早日痊愈而结发持香炉的画像。

10 崇神天皇：公元前 97 年—公元前 30 年，日本历史上第 10 代天皇。在《日本书纪》中被称作御间城入彦五十琼殖尊，在《古事记》里则名为作御真木入日子印惠命。

11 伽罗国：42—532，位于朝鲜半岛南部洛东江流域的联盟国家伽倻国的组成国家之一，《南齐书》卷 58 中称其为加罗国。

12 应神天皇：270—310，传说中日本第 15 代天皇，在《日本书纪》中被称作誉田别尊，《古事记》里则名为品陀和气命。最大功劳是引入汉字与邀请百济学者阿直岐与王仁到日本。神道教尊之为战神八幡神，是日本天皇的祖神、源氏的氏神，军人的守护神。

13 弓月君：日本秦氏之祖。日本秦氏为日本古代的一个氏族，与东汉氏同为具有影响力的氏族，自称秦始皇的后代。

14 雄略天皇：456—479，日本第 21 代天皇。亦有学者认为就是《宋书·倭国传》所记载的倭王武。在国内强化专制统治，收取豪族私财，广设部民。

15 秦酒公：相传是秦始皇之后普洞王子，其祖为弓月君。其本人于应神天皇十四年（283）自百济来日归化。

16 大秦电影制片厂：现东映太秦电影村，一座与电影相关的主题公园，位于日本京都右京区太秦东蜂冈町。

17 推古天皇：554—628，日本第 33 代天皇，女天皇。即位之初，立圣德太子为皇太子，总摄朝政。在位 36 年间，以圣德太子为中心，推行一系列政制改革，称为推古朝改革。

18 昙征：579—631，7 世纪从高句丽来的僧人。

19 法隆寺：全名为法隆学问寺，又称斑鸠寺，位于日本国奈良县生驹郡斑鸠町，圣德宗的总本山。曾被日本政府指定为日本国宝，1993 年 12 月被列入《世界（文化）遗产目录》。寺内有 40 多座建筑物，保存着数百件 7—8 世纪的艺术精品。相传是百济工匠把来自中国的佛塔和木结构传到日本，并修建了法隆寺。法隆寺是木质建筑的杰作。

20 鞍作止利：生卒年不详，日本飞鸟时代的和尚，俗姓鞍部村主（鞍部是以做马鞍为职业者），擅长佛教造像，日本法隆寺释迦三尊与飞鸟寺飞鸟大佛均为其作品。

21 镰仓时代：1185—1333，日本历史上以镰仓为全国政治中心的武家政权时代。镰仓幕府的建立标志着日本中世纪或封建时代的开始。许多与日本西部有关的事务均源于这个时期，如禅宗、武士、切腹和茶道等。

22 网野善彦：1928—2004，著名日本中古社会史学者，毕业于东京大学文学部，历任名古屋大学文学部副教授，神奈川大学进修部教授、经济学部特任教授。他援引民俗学、社会学的研究成果，在日本中古史的领域上提出了和传统观点大相径庭的看法，开拓了很多日本中古史研究的新视野。著有《日本的历史10·蒙古袭来》（小学馆）、《日本中世的非农业民与天皇》（岩波书店）、《无缘、公界、乐——日本中世的自由与和平》（平凡社）等。

23　中务省：又称内务省，日本古代依照律令制所设置的八省之一。中务省负责辅佐天皇、发布诏勅与叙位等，为八省之中最为重要的省（一说在大宝律令以前与宫内省一同位居六省之上）。因此该机关的长官——中务卿（正四位上）自平安时代以来便从四品以上的亲王中任命，如果出缺时没有适当的亲王可出任的话，就任其空缺。

24　内匠寮：统领所属工匠修理宫中器物，管理营造的部门，也负责装饰典礼时御座的装饰。长官名称“内职头”，次官名称“内职助”，判官名称“内职允”。

25　往来物：在平安时代末期到明治时代初期，主要指用往返书简等形式的书信做成的初等教育教科书的总称。

26　江户时代：1603—1867，又称“德川时代”，指日本历史上由德川幕府统治日本的时代，日本明治维新前的一个时代。

27　十返舍一九：1765—1831，日本静冈市葵区人，小说家。本名重田贞一，通称与七、几五郎，号醉翁、十返舍。日本江户时代后期作家、浮世绘师，与式亭三马被称为日本滑稽小说两大作家。著有《东海道徒步旅行记》《怪谈雨夜钟》《鬼怪太平记》等。

28　院政：日本历史上政权由摄关政治转移到幕府的过渡时期的政治体制。实行时，天皇让位而自称上皇，在“院”中执政，是皇权为了抵抗摄关政治而发展出来的特殊体制。据说是受中国太上皇帝的执政的影响。

29　后白河：1127—1192，鸟羽天皇第四皇子，日本第77代天皇。1155年继任天皇，1158年让位给守仁亲王（二条天皇）开始院政，直至驾崩。

30　源平合战：又称“治承·寿永之乱”，指日本平安时代末期，1180年至1185年的6年间，源氏和平氏两大武士家族为了争夺权力而展开的一系列战争的总称。

31　源赖朝：1147—1199，日本镰仓幕府首任征夷大将军，也是日本幕府制度的建立者。

32　源义经：源赖朝异母弟，在源平合战中与兄长一起讨伐平氏立有大功，因功高震主引起源赖朝猜忌而兄弟反目。

33　石原正明：1761—1821，日本尾张国神守宿（现在津岛市神守町）人。著有《律逸》《尾张廼家苞》《百人一首新抄》《冠位通考》等。

34 黑泽翁满：1795—1859，日本江户时代后期的国学家。桑名藩（今三重县）藩士重孝的长子。通称九藏，八左卫门，名重礼。屋号葎居。著作涉及作文、古典注释、随笔等方面。主要著作有《藐姑射秘言》及其弟子们编纂的《葎居前集》《葎居后集》等。

35 汉斯·萨克斯：1494—1576，德国诗人、剧作家。当过鞋匠，宗教改革中，为马丁·路德的思想所倾倒，并以一系列作品批判教权，反映世俗生活。在推动早期工匠歌曲的发展和促进纽伦堡的宗教改革方面，都做出了巨大贡献。著有自传诗《我的诗业的全部》。

36 法王，此处指的是宗教中的最高指导者。

37 艾蒂安·布洛瓦：生卒年不详，13世纪法国作家。

38 布拉诺岛：意大利东北部威尼斯所辖的岛，以手工编织花边的生产和五颜六色的房子。

39 平贺源内：1728—1780，日本江户时代的博物学者、兰学者、发明家，被称为日本的达·芬奇。本名国伦，号称鸠溪、风来山人、福内鬼外、贫家钱内等，通称为源内、元内。从事过各种各样的工作，如秋田秩父的矿山开发、木炭运输、养羊毛织物生产、出口陶器的制作、珍宝奇石的中间商等。另外他还完成了上百种发明，其中包括静电发电装置、防火布、万步计、寒暖计、磁针器等。他还是日本第一个西洋画家，写过一本和《格列佛游记》类似的畅销小说。身后刊有《平贺源内全集》（全二卷）。

40 川柳：日本诗歌的一种，又称俳谐连歌，起源于江户时代。

41 胁田晴子：1934—2016，日本兵库县西宫市人，日本史学者，角川源义奖获得者，文化功劳者和文化勋章获得者。先后任京都橘女子大学文学部教授、鸣门教育大学学校教育学部教授、大阪外国语大学教授、滋贺县立大学人间文化学部教授、城西国际大学大学院人文科学研究科客座教授和石川县立历史博物馆馆长。专攻中世纪商业史、都市史和女性史研究。

42 织丰时代：又称安土桃山时代。1568年至1603年，织田信长与丰臣秀吉称霸日本的时代。始于织田信长驱逐最后一个室町幕府将军足利义昭，终于德川家康建立江户幕府。

43 路易斯·弗洛伊斯：1532—1597，葡萄牙天主教传教士，1563年开始在日本传教，在日本生活了近30年。回国后，将其在日本的所见所闻记录成书，并与欧洲的风俗习惯进行比较。

44 大和抚子：性格文静、温柔稳重并且具有高尚美德的女性的代称。一度是遵三从四德、相夫教子的传统日本女性的符号，偶尔也被用来广义地代指日本女性。

45 德川吉宗：1684—1751，日本江户幕府第 8 代将军，初代将军德川家康的曾孙，大纳言德川赖宣之孙，纪伊藩（和歌山县）藩主德川光贞第 4 子。

46 人形：在本书中，即“日本人形”，指穿着和服，梳着日本传统发型，具有日本传统文化风格的人偶统称。

47 五斗俵：放有五斗米的草包，重约 30 公斤。在古代五斗为一包，近代为止，在北九州、尾张和仙台等地都还有这样的习惯。

48 四日市：日本本州中南部伊势湾岸城市，为三重县辖区。古时每月四日有集市，因而得名。

49 八日市：位于日本滋贺县东南部，自古就作为市场镇发展。特产有近江牛和真田纽（一种用粗棉线织成的带子）等。2005 年与周边的四町合并成为东近江市。

50 足利：日本姓氏。足利氏是活跃于平安时代至室町幕府时代的武家，出自清河源氏义家流，家祖为源义家之孙、源义国之子源义康（亦即足利义康）。家门一直延续至今，现任当主是足利义弘。

51 石清水八幡宫：日本京都府八幡市的神社。旧称“男山八幡宫”，与宇佐神宫、筥崎宫并称为日本三大八幡宫。

52 大山崎油座：日本镰仓时代前期开始、战国时代末期结束的座，由以京都西南部的大山崎乡一带（京都府乙训郡大山崎町及大阪府三岛郡岛本町）为据点，由广泛收购荏胡麻制成的油进行独家销售的特权商人组成。

53 卖油：日语惯用词，意指“雀之泪”。

54 斋藤道三：约 1494—1556，日本战国时期美浓国的名家。幼名峰丸，曾为京都妙觉寺的僧侣，法号法莲坊，还俗后名为松波庄五郎，后成为卖油商人，改名为山崎屋庄五郎。司马辽太郎的《国盗物语》就是以其生平为蓝本而创作的。

55 美浓：古代国名，位于岐阜县南部和中部，古称浓州。

56 大名：日本封建时代对一个较大地域领主的称呼，由名主一词转变而来。战国时代的大名一般被称为“战国大名”，出身背景以守护、守护代、国人和平民四种为主。

57 领国：守护大名领国制，指日本中世纪的守护大名、战国诸侯的领地支配体制，由室町时代的守护领国制发展而来。最初（14 世纪中叶），幕府每隔几年会进行补任，守护职位的交替是比较频繁的。到 14 世纪末，某个氏族对某个国家的守护职相传开始世袭，守护职位被固化，对领地内的当地领主、土地和人民实行一元化的支配。

58 织田信长：1534—1582，活跃于日本战国时代至织丰时代的大名。1568 年至 1582 年，作为掌握日本政治局势的领导人，推翻了名义上管治日本逾 200 年的足利幕府，使从应仁之乱起持续百年以上的乱世步向终结。在日本历史上，织田信长、丰臣秀吉、德川家康并称“战国三英杰”。

59 六角定赖：1495—1552，日本战国时代近江国守护大名，官至从四位下弹正忠，谥号江云，法名云光寺殿光室龟公大居士。

60 加纳：日本岐阜市南部地名，指古代加纳藩的城下町、中山道的住宿街。其特产有和伞、提灯、美浓纸等。

61 近江：古代日本国名，现在的滋贺县，原称江州。

62 安土：日本滋贺县近江八幡市的地名，位于琵琶湖东岸。古代曾是织田信长筑城的安土城址。

63 金森：日本滋贺县守山市的地名。室町、战国时期，向宗（净土真宗）在近江的一大据点，形成了以金森惣道场为核心的寺内镇街。

64 丰臣秀吉：1536—1598，日本战国时代末期至织丰时代的大名。原为农民家庭出身，后来因事奉其主织田信长，富有才干而逐渐发迹，织田信长死后在内部斗争中胜出，成为织田信长实质的接班人，实现日本自 15 世纪中叶后首次的政治统一。

65 本阿弥光悦：1558—1637，号太虚庵、自得斋等。日本桃山、江户时期的美术家，专擅书画、漆艺、陶艺等，为宽永时期的三大书法家之一，是光悦流的始祖，也是光悦乐烧和光悦莳绘的创始者。

66 小堀远州：1579—1647，小堀远江守政一，原名作介，后改为政一，法名宗甫，号孤篷庵，江户初期的大名、茶人、建筑家、作庭家。

67 德川家康：1543—1616，日本战国时代末期、安土桃山时代、江户时代的武将，战国大名，江户幕府第一代征夷大将军。日本战国三英杰之一，德川幕府的建立者。

68 桂离宫：位于日本京都西京区，建成于江户时代，由皇家八条宫的别墅而配套的建筑群和园林组成。其回游式的庭园被称为日本庭院的杰作，建筑中的书院以书院茶室风格为基调。现由宫内厅京都事务所管理。

69　二条城：一座位于日本京都府京都市中京区二条城町的城堡，又名二条御所，幕府将军在京都的行辕。二条城建成于公元1603年，是江户幕府的权力象征。

70　天守阁：位于日本爱知县名古屋市，建成于1616年。天守阁是日本战国时期修建的大型城堡，在军事上能起到楼和瞭望塔的作用，同时也是城主的居住之地，更是所在地大名或城主政治权利和地位的象征。

71　备中松山城：位于日本国冈山县高梁市内。始建于1240年，南北朝时高桥氏将备中松山城的城域扩大到大松山及小松山一带，使备中松山城成为巨大的山城。日本国内指定史迹。日本100名城之一。

72　伏见城本丸书院：位于日本京都府伏见区，日本战国时期的建筑。

73　大德寺：创建于日本镰仓年间（约1319），位于今日本国京都市北区，洛北最大的寺院群，寺内共有21座塔头，拥有茶室、园林、门画等多数文化遗产。

74　南禅寺：位于日本国京都市左京区南禅寺町，临济宗南禅寺派大本山，始建于1291年，日本禅宗最高寺院。

75　布鲁诺·陶特：1880—1938，德国建筑师、城市规划师，毕业于柏林皇家技术学校（今柏林工业大学）。作为先锋派建筑师，曾致力于公共建筑和用玻璃建造房屋。因反对纳粹而流亡日本、瑞士、土耳其等国，曾在多个大学任教。

76　德川恒孝：1940— ，日本德川宗家第18代当主，第17代当主德川家正养子，亲父是出身会津松平家的原东京银行会长松平一郎。毕业于日本学习院大学政经学部，后任日本邮船株式会社副社长，现为该社顾问，同时兼任横滨港振兴协会会长。

77　关东：通常指日本本州以东京、横滨为中心的关东地方。包括东京都、神奈川县、千叶县、琦玉县、茨城县、枥木县、群马县，位于日本列岛中央，为政治、经济、文化中心。

78　中井大和守：1565—1619，中井正清，日本江户时代初期的土木建筑工头。大和国人。因法隆寺上梁成功而得到世袭官位，从四位下大和守。根据德川家康的命令负责建造了江户城、知恩院、骏府城天守阁、江户的街市、增上寺、名古屋城、二条城、内里、日光东照宫、久能山东照宫、方广寺等重要建筑。

79　冈本绮堂：1872—1939，日本东京高轮人，小说家，剧作家。本名是冈本敬二，别号狂绮堂、鬼堇、甲字楼等。

80　日光东照宫：位于日本枥木县日光市，建造于1617年，供奉日本最后一代幕府——江户幕府的开府将军德川家康的神社。1999 年，作为“日光的神社与寺院”的一部分而被列入世界遗产名录。

81 水户藩：日本江户时代的一个藩，位于常陆国（今茨城县中部及北部）。藩厅是水户城，藩主是水户德川家，与尾张藩及纪州藩并列为德川御三家。

82 石屋善左卫门：生卒年不详，日本幕府时期的著名石匠。

83 野田：日本鹿儿岛县西北部，出水市西部的旧城镇。1975 年建镇，2006 年与高尾野町合并成立出水市。

84 铫子：日本千叶县东北部的城市，1933 年建市。利根川下游右岸的低短平地。在河口部的中心市街是铫子港中心利根川水运要地，后发展为渔师町。

85 加贺屋久兵卫：？—1874，日本江户时代后期到明治时代的玻璃工匠和玻璃工艺的开创者。本姓皆川，名文次郎，通称加贺久。早年在大阪和泉屋从嘉兵卫学习玻璃制造工艺。回到江户，于天保五年（1834）在大传马町开设玻璃店，研习江户玻璃雕刻的技术，并使之普及。其产品有文具、家具、饮食器具、首饰、化学器材等，是日本最早制造并销售化学实验用的玻璃器皿的人。

86 歌川广重：1797—1858，日本江户后期的浮世绘画师。本姓安藤，小名德太郎，后改为重右卫门。师从歌川丰广，代表作《东海道五十三次》，有大量作品传世。

87 左甚五郎：日本江户时代初期传说中的雕刻艺人。在单口相声和讲谈以及松竹新喜剧中也是有名的人物，由其署名的作品、传说中的作品在各地都能见到。各地手艺好的工匠的代名词。

88 此处是句谚语。意为灭火时的英姿和吵架时的威武，是江户人的一绝，可谓江户一景。——编者注

89 振袖火灾：日本明历三年（1657）正月十八日发生在江户的火灾。当时，本乡本妙寺最先起火，到第二天江户城本丸在内的府内近六成建筑被烧毁，死者达 10 万多人，是江户最大的火灾之一。

90 上野：位于今东京都台东区，行政上由台东区上野、北上野、东上野、上野公园等几个町名组成，这里有日本最早的公园上野恩赐公园，还集中了东京都美术馆、东京文化会馆、国立西洋美术馆、国立科学博物馆和东京国立博物馆等文化设施。

91 奉公：弟子对师傅无偿的服务，以示对师傅的感谢。

92 乌亭焉马：1743—1822，日本江户时代后期的剧作家、净琉璃作家，人称“落

语中兴之祖”。本名为中村英祝，通称和泉屋助，有净琉璃代表作《花江都歌舞伎年代记》《太平乐卷物》《围棋太平记白石嘶》等。

93 式亭三马：1776—1822，日本小说家。19 世纪初开始创作滑稽小说，代表作有《浮世澡堂》《浮世理发馆》《四十八种怪癖》《古今百愚》等多部，被认为是日本滑稽小说的代表作家之一。

94 柳亭种彦：1783—1842，江户时代后期通俗作家。擅长风俗小说、俳句、川柳、狂歌等多种体裁，并有一些关于风俗、语言的考证性文章发表。后因作品在天保改革中遭禁，气病而亡。有著作《柳亭记》《柳亭笔记》《足薪翁记》等。

95 叠：日制面积单位，1 叠 =90 ㎝ ×180 ㎝ =1.62 ㎡。

96 五节句：指日本一年中最重要五个节日，1月 7 日（人日节），3月 3 日（上巳节），5 月 5 日（端午节），7 月 7 日（七夕节），9 月 9 日（重阳节）。

97 松尾芭蕉：1644—1694，日本伊贺上野人，江户前期的俳人。芭蕉为其俳号，名宗房，别号桃青、泊船堂等。他公认的功绩是把俳句形式推向顶峰，但是在他生活的时代，芭蕉以作为俳谐连歌（由一组诗人创作的半喜剧链接诗）诗人而著称，被誉为日本“俳圣”。有短句代表作《俳谐七部集》，纪行文字《野行纪》《笈之小文》《更科纪行》《奥之细道》《幻住庵记》《嵯峨日记》等传世。

98 《奥之细道》：松尾芭蕉的纪行文代表作，出版于元禄十五年（1702）。是日本古典纪行作品中的代表作。1689 年是芭蕉崇拜的西行第 500 次忌辰，松尾芭蕉与弟子河合曾良相伴从江户出发，沿奥州、北陆道旅行，围绕东北、北陆行走，1691 年回到江户。《奥之细道》就是沿途所记文字。

99 银货：银，即金钱；货，即货物。此处指银币。

100 浪人：指离开登录的户籍去他国流浪的人，也称“浮浪”。浪人不分身份，任何人都有可能成为浪人。——编者注

101 下谷：位于日本东京隅田川西岸的平地，东京都台东区西部的地名。在古代也被写下屋，是高台上野对低地的称呼。

102 浅间山：位于日本东京以西 150 千米群马县吾妻郡嬬恋村与长野县北佐久郡轻井泽町及御代田町接壤处的一个安山岩质复合火山。属上信越高原国家公园，标高 2568 米，是一座三重式的活火山（那须火山带），也是日本最活跃的火山之一。

103 松平定信：1759—1829，号花月翁、白河乐翁。江户时代的大名、政治家。陆奥国白河藩第 3 代藩主。德川吉宗的孙子。定纲系久松松平家第 9 代当主。

104　江户参府：日本江户时代驻在长崎出岛的荷兰商行长一行，去江户谒见将军并感谢贸易许可，同时赠送礼物的活动。

105　恩格尔贝特·坎普弗尔：1651—1716，德国医生、博物学者。在欧洲以系统记述日本的《日本志》而闻名。

106　西阵织：因其出产于日本京都的西阵地区而得名，日本国宝级的传统工艺品，以多品种少量生产为其特色。完成西阵织的织造需要 20 余道工序，大部分由专业人员手工完成，可分为企划、制图、原料准备、机械准备、织造、收尾 6 大部分，各道工序都要求有高超的技艺和丰富的知识。西阵织于 1976 年被指定为传统工艺品。

107　莳绘：日本漆工艺技法之一，产生于奈良时代，以金、银屑加入漆液中，干后做推光处理，显示出金银色泽，极尽华贵，以螺钿、银丝嵌出花鸟草虫或吉祥图案；在技法上有研出莳绘、平尘、沃悬地等。

108　町人：日本江户时代一种社会阶层，他们包括商人、职人，主要从事手工业。町人在江户时代中期，开始形成独特的文化。——编者注

109　宇和岛藩：日本江户时代的一个藩属领地，藩厅位于宇和岛城（今爱媛县宇和岛市），藩主是富田氏及伊达氏。1871 年废藩置县后，经过县内合并，成了现今爱媛县的部分。

110　伊达宗城：1818—1892，日本江户时代末期的大名，明治时代的政治家，宇和岛藩第 8 代藩主。

111　高野长英：1804—1850，日本江户时代末期著名兰学学者，西医。陆奥国胆泽郡水泽村（今岩手县水泽市）人，名让，号惊梦山人、幼梦山人。1832 年完成日本第一本生理学著作《医原枢要》。

112　绪方洪庵：1810—1863，日本足守（现日本冈山县冈山市北区足守）人，武士、足守藩士大夫师，兰学者。因在日本的锁国时代将西方的医学知识引入日本，开办私塾而著名，这所私塾后来发展成为大阪大学。

113　村田藏六：1824—1869，大村益次郎，日本近代史上著名的军事家。原名村田良庵，亦名永敏、藏六等，长州征讨和戊辰战争之时，指挥长州藩兵，获得胜利。在太政官制下担任统括军务的兵部省的初代大辅（次官），事实上是日本陆军的创始者，被视为陆军建设之祖。

114　兰学：在江户时代时，经荷兰人传入日本的学术、文化、技术的总称，字面意思为荷兰学术（Dutch learning），引申可解释为西洋学术（简称洋学，Western learning）。

115 东京帝国酒店：位于日本东京市中心，于 1890 年开业，以优良传统及悠久历史见称，外交官喜好的下榻之处。

116 村上信夫：1921—2005，日本东京市神田区松枝町人，爱称“白领村上”，著名的法国料理厨师，原东京帝国酒店顾问，对于在日本传播法国料理有重要贡献。

117 歌舞伎：起源于日本江户时期的传统戏剧形式，日本古典剧种之一。它于 1965 年 4 月 20 日被指定为日本的重要无形文化遗产。

118 狂言：日本戏剧的一个流派，有本狂言和间狂言之分。其与能剧一道，从猿乐衍化发展而来，一般穿插在能剧之间表演。与能剧不同的是，它是一种内容简单而即兴的喜剧。

119 三国清三：1954— ，日本北海道留萌支厅管内增毛町人，著名西餐厨师。1973 年由帝国酒店村上信夫厨师长推荐，任驻瑞士日本大使馆的厨师长。现为东京四谷的“奥特罗·多·米科尼”的老板与厨师，“苏西尔多米科尼”的法人代表，日本法国料理技术组合代表，北海道美食大使，北海道白老阿伊努饮食文化大使，以及各种社团法人的委员、理事等。获法国图尔大学授予的名誉学位美食学名誉博士，法国农事功劳勋章。

120 松下幸之助：1894—1989，日本和歌山县人，实业家，日本著名跨国公司“松下电器”、松下政经塾与 PHP 研究所的创办者，被人称为“经营之神”。

121 演歌：日本颇具代表性的传统歌曲类别，起源于明治时代。演唱风格反映出日本人惯有情感的表达方式。

122 玄翁和尚：1329—1400，日本民间传说中的人物。原名叫源翁心昭，是日本南北朝时代的曹洞宗僧。越后国人，号空外。开创伯耆国退休寺，出任出羽国永泉寺和下野国泉溪寺等的住持。

123 柳宗悦：1889—1961，日本著名民艺理论家、美学家。1913 年毕业于日本东京帝国大学文科部哲学科，在研究宗教哲学、文学的同时，对日本、朝鲜的民艺产生了深厚的兴趣，并开始对之收集、整理、研究。1936 年创办日本民艺馆并任首位馆长，1943 年任日本民艺协会首任会长。出版有《柳宗悦全集》等著作。1957 年获日本政府授予的“文化功劳者”荣誉称号。

124 半竹：禾本科的多年生常绿竹，可作园艺植物、药用植物。

125 飞驮：日本古代国名之一，属东山道。现有飞驮市，位于岐阜县东北部。

126 川上不白：1719—1807，日本茶道江户千家的创始人，茶人。名尧达、新柳。

别号宗雪、孤峰、黙雷庵。

127 能乐：日本传统的舞乐。有“能”与“狂言”之分，前者是极具宗教意味的假面悲剧，后者则是十分世俗化的滑稽科白剧。能乐的名称是镰仓时代才开始使用的，从平安时代中叶直至江户时代，这种艺能一直被称为“猿乐”或者“猿乐之能”。而且，以日本南北朝为界，前期猿乐与后期猿乐面貌迥异，故现今日本学术界将前者称作“古猿乐”，而将后者称作“能乐”。

第二章　传统技术的继承

一、世界的职人

的确，日本人灵巧而富有自信，具有多种与“造物”相适应的气质，但“造物”绝对不是日本的专利。

大正时期[1]有代表性的评论家、文明批评家长谷川如是闲[2]在其著作《日本万象》（日本さまざま）中，将作为日本文化之根的民众生活定义为“手之文明”，而将古希腊那些有闲阶级产生的思想叫作“头脑的文明”。虽然日本的职人与欧美的职人在心性上有着很大的不同，但是“喜欢制作”已经成为人类基因的有机组成部分。这也就意味着地球上的所有文明都是“手之文明”。

我曾经在意大利的佛罗伦萨住过一年多，只要进入街巷的作坊里，就会看到职人所继承的传统技术，这是一种文艺复兴之前就一直延续不断的“大师”文化。意大利人是享受人生乐趣的达人，他们有着充沛的创造力，在工作中被充分地发挥与运用。

德国的职人实际上就是“好好工作”，他们勤劳而细致，感觉与日本的职人有相同之处。

此外，去过阿尔罕布拉宫[3]的人会说，伊斯兰工匠才是最精彩的；去过泰姬陵的人不会忘记说印度工匠很伟大吧（如此之美的建筑是不可能被复制的。完成之后，取而代之的是困扰他们一生的麻烦与恐怖传说）；访问过故宫博物院的人一定会说：中国工匠的技术是世界第一。

在已有的文明中，一定存在着最好的、优秀的职人文化。在本书中能够见到匠之精神是国之基础的说法。

在有职人传统的国家，有着为发展、继承传统技术而构建的社会系统。以下要说的，是欧洲的造物历史和制度的相关问题。

基尔特
——手握特权的职人

在中世纪的西欧都市中，由大商人（职业商人）组织的基尔特（Guild，具有特权的同业组织，即“行会”之意）有很大的能力。

如同 14 世纪日本战国时代的堺地区，在那里形成了具有自治权的自由都市。在欧洲，都市则是以规模更大的样式呈现。“都市的空气都是自由的”这句话广为人知。

不久，在中世纪的城市里，教皇与皇帝之间的斗争由缓慢转为激烈，为守护都市的权利，城市间进一步结成同盟。比较有名的是以北意大利的米兰为中心结成了伦巴第（Lombardia）[4]同盟，以北德国的吕贝克（Lübeck）[5]为中心结成了汉萨同盟（Hansa Teutonica）[6]。

基尔特是以中世纪的自由都市及国家为背景而发展起来的，其功能与日本的“座”相近。可是，日本的座是以商人为中心的，与之相对，基尔特是以职人为中心的组织，他们有时也会介入市政。

能够参加基尔特者，都必须是具有师傅资格的人。他们根据手工业的类别结成不同的基尔特，在基尔特内部严格地管制产品的质量、规格、价格等，拥有贩卖、营业、雇佣等相关事项的独有权利。

市民阶层逐渐成长起来，对闭锁的、特权的基尔特的批判有所加强，在市民革命中基尔特彻底解体了。但是，经过长期封建管制的德意志，将基尔特转化成“我的明星”文化而得以存续。

另外，基尔特转化后，存续的方式之一，即为人所知的秘密结社——共济会（Freemason）[7]。其会徽是“圆规与定规”，表示它是由石工的基尔特发展而来的集团。至今共济会还保留着“徒弟”（Entered Apprentice）、“职人”（Fellow Craft）、“师傅”（Master Mason）的称呼，集会时会穿着石工的作业服和围裙。

德国的“我的明星”
——严格的职人培育

德国有着与日本同样勤恳的国民性，这是出了名的。两国的社会制度有众多的共同点，家的观念、长子继承的传统、较强的男性向心力、血统纯正主义、较强的民族主义倾向等。这些都是由该国的职人文化支撑的，是“我的明星”（Meister）制度造就的。

“我的明星”之道，从见习工到技术学校学习就开始了。许多师傅说，从中学毕业的15岁开始，实际上就已经迟了，10岁左右寄宿的有很多。在德国，职人的报酬与大学毕业生的报酬基本相同。待遇层面的魅力，早就成为许多人考虑走上这条路的巨大诱因。

若是要加强基础性的技术，可以有一年的“自由修行”时间，专门用来钻研知识和技术。德国“自由修行”的制度是严格的，规定在“自由修行”期间，无论有什么事情，都必须在出生地半径50千米的范围内解决。这样说有些极端，如果亲人去世也不能去送行吗？最近已经出现了一些批判其落后于时代的声音。

“自由修行”结束后要接受熟练工的考试，成为熟练工后还要3到5年的技术研修积累，才能够接受最终的“我的明星”的考试。法律规定，如果没有与职业种类相关的“我的明星”的资格就不能开业，故考试合格与否是生死攸关的问题。

“我的明星”制度要求师傅有将自己的技术传授给弟子的能力。这个制度考虑到了继承传统这样的因素，在此意义上，这个制度是十分成熟的。

近年来，仿效德国“我的明星”制度，就连日本也制定了国家技能检查测定制度，涉及金属、机械、电子、建筑、造园、裁剪等多个方面，给予那些立志于成为职人的年轻人一个目标。还有，地方的公共团体也制定了对职人授予“我的明星”称号的制度。我们不仅是对“我的明星”称号的模仿，更是在学习德国培养职人的严格与诚实，包含着我们的期望。

意大利的“大师制度”

——一流品质的支撑

意大利这个国家是“落落大方之国”，要是往坏处说就是“敷衍了事之国”，这些描述塑造出来的形象，实际上对它存在着较大的误解。不可否定，其国民性是开朗阳光的。不止那样，意大利实质上也是内涵很深的国家。

他们是人生经验丰富、快乐生活的达人，围绕着“本物”享有上乘的生活方式，无须笨拙地追求流行。

我曾经在佛罗伦萨某个寄宿家庭听到家中的阿姨说，“意大利的白领女性在公司工作之初，将领到的全部奖金用来购买黑色的皮毛大衣，那是可以一辈子穿着的”。

年轻时在米兰的一个广场看到过贝尼托·墨索里尼（Benito Mussolini）[8]与其情妇尸体的阿姨，不是要把那时的妇女与当今的意大利白领女性相比。她想说的是，“意大利人倾向于买高质量的东西，然后可以使用很长时间”“祖父置家，父亲买家具，子女居住”。从她的话里可以感受到那时他们的生活方式。实际上，意大利的建筑有许多都是几个世纪前建造的。

其时，我离开寄宿家庭之后，又搬进了一座公寓。

朋友米歇尔一边笑着一边说：“这座建筑物是17世纪的医院，面前的这座房子里，也许死过很多人吧。”

他们讲的话一点也不好笑。意大利人能够善待物品，而且它们并没有“陈旧感”。一直到现在，这里与日本有年份的漆器有着相类似的气息。

意大利大量生产物品，但都是一流的手艺。只有爱“本物”，了解手工制作之优良的国民，才能使传统的职人世界延缓衰败，文脉永继。日本传统职人生存的关键也值得注意。

意大利的职人从年轻时进入作坊，跟随师傅学艺。15、16世纪，繁荣的意大利美术之中，就有被叫作“葆蝶家”[9]的场所，在那里师傅与其弟子忙碌地创造着繁荣的基础。

就是文艺复兴时期的巨匠米开朗琪罗、多梅尼哥·基尔兰达约（Domenico Ghirlandaio）[10]也都曾在手工作坊里接受过最初的启蒙。梵蒂冈的圣彼得大教堂（St.Peter's Basilica）中的米开朗琪罗的代表作之一大理石像《哀悼基督》(*Pietà*)，是他 23 岁时的作品。米开朗琪罗年轻时作为多梅尼哥的弟子，很早就显露出才能。

就连在威尼斯著名的玻璃工场，现在也还是 9 岁左右入职，很少有中学毕业后入职的，过了这个年龄后就很难进行基础学习，不能成为真正的职人。早入职的弟子并不意味着能够早出师，因为这是个严格的凭实力说话的世界。

在意大利，根据职业种类的不同，有“最初三年用脚讨生活”的说法。在美术馆和古董街边走边看，可以学习到先人的技术并得到启迪。没有人一次就可以把事情做好。“学习”是“模仿”的事情，看到了过去最好的作品，从而可以确定自己的目标，这才是最为重要的。

许多人从意大利移民到其他国家，这其中包含了很多职人。英国绅士都在裁缝街（Savile Row）[11]定制西装，在那里也有许多意大利移民的店铺。

著名的制鞋工萨瓦托托·菲拉格慕（Salvatore Ferragamo）[12]，是那不勒斯郊外的一个贫苦农民的儿子，9 岁时成为制鞋职人的弟子，到 11 岁时有了自己的店铺，15 岁到了美国。在美国取得成功后，进入洛杉矶的大学刻苦钻研解剖学以研究足部的构造。后来回到了意大利，在名店如林的佛罗伦萨的托尔纳博尼街（Via de' Tornabuoni）[13]上建成了菲拉格慕总公司。在意大利人数有限的职人中，他梦幻般的人生讲述着成功的故事。

奥山清行[14]曾在意大利设计法拉利跑车，写过一本意味深长的书《法拉利与铁壶》(フェラーりと鉄瓶，PHP研究所)。他曾在意大利设计和制造车体的先锋公司工作过，对意大利的职人世界有着深刻的体验。

在意大利语中，汽车叫“macchina”，最初的意思是“机器”，然而这样的现代机械也还是要用到职人的技术。本来，轿车一词来源于马车，实际上意大利车的车体生产依赖于制造马车的职人的技术。意大利车的任何细节都能够让人感受到人情味，原因就在于此吧。顺便说一下，就连昭和天皇[15]的御驾，也是请来意大利的马车职人制作的。意大利的职人无疑是一流的。

多说一句，基督教社会一年的365天中，每天都会是某个圣人的纪念日。意大利的职人按职业种类来守护圣人，一年一度在圣人的纪念日进行祭祀，就像日本的太子讲那样。职人在任何国家，其感恩与谦虚都是令人难忘的。

二、日本传统技术的继承

职人气质与恪守传统

到此，我们反复谈及“职人气质”的话题。

平安时代中期，在《宇津保物语》[16]一书中，有一节叫“织成狩猎时穿的、有木纹肌理的衣服”，提到将各种各样的纹样雕刻在木板上，刷上浆糊再将布贴在上面进行刷印，这样的木板叫“形木”。这就是“气质”一词的语源。

所谓“职人气质”，是一种无限磨炼技能、勤奋志高的姿态，有着专心一意成就事物的强韧精神力。试图墨守传统是一种固执，而在新工夫外再加上热情燃烧的上进心，则是对前人予以敬意和谦虚。

以职人为题材的小说是较多的，而幸田露伴[17]的《五重塔》应该是最有名的。书中的主人公十兵卫是一位有着良好技术的木匠，却在贫困中过着闷闷不乐的日子。他总是被没有自我主张的同事用绰号“慢悠悠”（意为行动迟缓）来称呼。

建造感应寺（现在的谷中天王寺）的五重塔是百年一遇的重大事件，听到这个消息后，十兵卫的血液都沸腾起来了。他当即舍弃了义理人情，决意要争取得到这个工作。

原本这份工作是要委托给十兵卫的师傅“川越源太”的，但十兵卫到赏识自己的感应寺的上人面前求情，希望这个工作能够交给他。然而，在上人提出了共同建造的方案时，十兵卫却想要自己一个人去完成。虽然源太是个很固执的人，但也很大度，最后将工作让了出来。

十兵卫接受了委托，却有各种各样的人从旁指手画脚。他建造的塔很漂亮，但紧接着大暴风雨来临。有的人会假装关心上人的生命到感应寺，实际上是想了解“此前建造的五重塔是否结实？”于是，见识到了对自己的工作抱有自信的职人的矜持，也验证了五重塔建造之初“板一块未翘，钉一颗未掉，看上去很结实”的质量保证。

江户数一数二的大寺庙被毁坏，但由他建造的五重塔依然耸立（现实中谷中天王寺五重塔是很牢固的，后来在日本关东大地震中都安然渡过）。

这部作品的根基，是幸田露伴对作为“职人”的日本人原有风貌的职业所怀有的深深的憧憬和爱意。这是没办法的，只能将过着笨拙生活的“缓慢的十兵卫”和作为师傅气场很足的“川越源太”放在一起描写，因为他们同时都拥有职人的气质。

我曾在意大利留学一年，正是欧洲共同体（EC，European Community 的简称）开始向现在的欧盟（EU，European Union 的简称）整合的过渡时期，此时所碰到的问题是文化的壁垒。

在德国，没有不是 100% 大麦的啤酒，在意大利也没有不是 100% 超强小麦做成的面点，法律规定，要坚持不懈地保护它。但是，这是作为非关税壁垒进行合并时的问题而提出来的，啤酒和通心粉正是各自国家的文化本身，也是不能让步的问题。结果是恪守传统，如今德国的啤酒，大麦是 100%；而意大利的面点也是 100% 的超强小麦。

我听到这些话很激动也很感动，这才是“职人气质”。虽然有固执的意思，但却是作为职人的必备条件，是应该坚守的，也是必须坚守的。

近代化的冲突

以前，永六辅[18]与小泽昭一[19]等人对于尺贯法[20]的废除，到底持何态度？他们曾对政府展开过猛烈的反对运动。

在大工中有着基本的“规矩术”。“规”是用来画圆的用具，“矩”则是画直角的用具，还有一种画直角的用具叫曲尺。公元2世纪，中国东汉时期的遗址中，已经有使用曲尺的绘画。日本现存最古老的奈良东大寺[21]再建时，也曾经使用过这样的工具，这些用具实际上有着悠久的历史。

大工将“曲尺”“墨斗”与“手斧”叫作“三种神器”。[《宫大工[22]——千年的智慧》（宮大工 千年の知恵）] 曲尺不是引线的用具。曲尺最大的好处是可以直接做乘除法。过去的日本建筑，就是使用这样的曲尺测出尺寸，画出刻度来建造的。

昭和四十一年（1966），随着公制法的普及，尺贯法不再被使用，出售带有尺寸刻度的曲尺便是违法的。这项决定，让日本建筑大工惊愕、愤怒，基本上被吓呆了。然而，听说了这件事情的永六辅与小泽昭一等人，却帮助了他们。

每个事物总有不可让步的地方，为了守住这种底线，偶尔发生些摩擦也不可避免。正因为这个运动，虽然有“仅限于传统业种”这样的附加条件，但是尺贯法的继续使用总算得到了认可。

近代化与传统的冲突频繁发生。已故的法隆寺宫大工西冈常一[23]在进行药师寺西塔的再建工程时，与结合建筑基准法出于折中考虑而不得不使用混凝土的学者之间，有着较多的争论。

五重塔被传是“柔能克刚”的柔性构造，能够经受住多年的风雪，类似的建筑在日本全国只剩下25座。过去曾多次来袭的阪神淡路大震灾[24]级别的地震对五重塔也丝毫没有影响，事实已经证明五重塔是能够耐地震的。尽管如此，学者说通过计算机测算，其耐震度与建筑基准法是不合的，这在西冈栋梁看来完全是可笑的。

“过去的传统、古建筑、美术作品等，无论怎样都要坚守吗？”要想明快地回答这样的问题，其实并不容易。

我曾经思考过“古和旧究竟有什么价值”的问题，得出了“无论是古物，还是新物，好的就是好的，差的就是差的”这样的认识，我不打算去反驳。

在《徒然草》[25]中，西园寺内大臣一见到德高望重的老僧（西大寺的静然上人），就发出“您的风度依然”的感叹声（恭敬的样子）。“只是多吃了几年饭而已。”一位年轻的贵族（日野资朝）调侃道。确实，如果说“旧不如新”，大概很多人对此难以理解吧。

欲破坏既有价值观且劲头十足的冈本太郎[26]在《日本的传统》（日本の伝統）一书中谈道：“背弃过去，侮辱现实，违背传统，简直卑鄙至极。”

然而，冈本太郎在看到尾形光琳[27]的作品《红白梅流水图》（紅白梅流水図）时，又说：“猛一看，立即吸引了我全部的身心，能让人马上飞奔过去。”（《日本的传统》）同时，他也感慨道：“我想，祖国（指日本）有光琳这样的艺术家、这样的作品，让人由衷地喜悦，有着无限的希望和热情，是日本艺术的命运吧。”

日本的艺术与传统，让冈本太郎这样的鬼才有着深深的情怀，而不仅仅是抱有安心和感动。未来也会给予日本的子孙后代以同样的感动，这才是日本人值得夸耀的事实。坚持传统，并由此真正使之持续发展。

怎样继承匠之技

在日本，职人工作的无限之“技”不会外传出门，就连茶道和剑道也有家元制度[28]的限制，非弟子，不传其技。“人们不知道的是，终生为花者，若预期是花，则必须是花不可。”［《风姿花传》[29]（風姿花伝）］如其所云，正是那样的事情。

所以，一子相传[30]的艺事是很多的，但孩子的天赋是不可预期的。世阿弥[31]特地说，“突然想起，即便就一个儿子，若是无才干的人，亦不可传。”（《风姿花传》）显然，不是以强调一子相传的原则为目的的。

然而，随着对职人需求的增长，如果仍只是一子相传的话，实在是供不应求。因此，通过师徒制学习技术开始系统化。

世阿弥写道：“要是学艺，最好是从 7 岁开始。”（《风姿花传》）限于能力，从事艺能不宜太早。实际上，在音乐世界中，绝对乐感的养成教育是从 3 岁开始，也许有点超前吧。

本来，当九年义务教育完成时，孩子已经是 15 岁，他们已经有了自己喜欢的领域。如果说这是为了培养其能力而需要9年的时间，还可以理解。但是，必须避免那种只把学校当成取得“学历”的机构的事情。由于少子化，加之对移民的限制，日本的劳动人口的确在减少。早期根据人的适应性，对青年人进行人尽其才的配置，让有限的人才能力得到100%的发挥，拥有自信的青年人可以步入充实的人生，这完全是必要的。

对孩子的培养要趁早，这是重要的。其次还有一点很重要，如何培养他们（传承技艺）呢？

最为基本的职人世界，是“用身体感觉”的世界。为考试而学习的那些知识基本上是应试知识，是作为教科书的知识而存在的。

然而，在江户时代，就有以大多数职人的需要为背景编撰的手册，作为大工的平内政信[32]于庆长十三年（1608）编成的教科书《匠明》[33]。宫大工松浦昭次[34]（人间国宝）说过，这本书没写什么了不起的内容，按照书的内容反而建造不出好建筑，但这本书后来却对大工的世界产生了较大的影响。

在“技无止境”的职人世界，“这样做就好”的话语，被认为会起到反作用。另一方面，我们也希望职人能快速地成长。体系性的“教育”在之后也有延续，明治时代以后也开始尝试设立“职人学校”。

明治维新废除了士、农、工、商的身份制度，原来以手来从事职业的武士有必要知道，不同的时代来到了。明治六年（1873），开明教育家近藤真琴[35]在他经营的私塾攻玉塾[36]中尝试设立手工科，周围的反对意见反而促成了这件事情。当时的学生多数是贵族子弟，手持小刀与锥子的同学之间容易引起杀伤事件的说辞成为表面上的滑稽理由。实际上，是学生与其家长作为贵族的自尊心在作怪。

明治十九年（1886）一月，高等商业学校（今一桥大学）附属商工徒弟讲习所转为职工科。在当时，木工科只有30人，主要是以职人的子弟为招生对象。后来，改组为东京高等工业学校附属职工徒弟学校，现为东京工业大学附属科学技术高等学校。

之后，工业学校与高等专门学校都对社会产生了巨大的作用。近年，设立了许多以培养传统的职人为目的的教育机构。因为多次的采访取材，我与很多职人有所交流，他们指出了职人学校与资格表彰制度的优点。在师傅减员的当下，这样的尝试也许是更为重要的吧。

繁荣“造物”的条件

曾经指责日本人“缩小意识”的李御宁[37]，是韩国梨花女子大学的名誉教授，曾任韩国第一代文化部长。实际上，小型的精细工艺品在展现其功能时，同样是精妙的，李教授对那样的精微工作也不禁表示赞叹。

日本人因使用筷子而被说成是灵活的，但也有不使用筷子的瑞士男子用其大手制作瑞士手表的事实。只要是智人，灵活程度是可以通过后天“努力”训练出来的。日本职人的“努力”是常人的一倍以上吧。

最近，感觉在日本人中间，对于职人的“憧憬”似乎变得淡薄了。繁荣“造物”的条件，是需要国民对职人怀有敬意，并对他们的工作给予正当评价，但这样的国民似乎已经不存在了吧。

所谓“造物”，与自身的“喜悦”相伴。面对自己呕心沥血完成的作品时没有成就感，那样的职人是不存在的，明白造物的意义而想成为职人的年轻人必然也会有。若是有人们的“尊敬”作为精神支持，后继者将义无反顾。

然后是经济基础。不管多么优秀的手工艺品，要是只靠美术馆收藏，其就不可能存续。需要有人买，才能维持生计。因此，热爱“本物”的风潮一旦酿成，在那里应该会产生相应的消费需求。

实际上，即便价格较高，但讲究的是能够提供“本物”的现代职人（如今以企业为多）并没有变少。具有这样职人气质的企业的共同点：经理（如同过去的师傅）与从业人员共同拥有制作的喜悦，从业人员对自己的工作感到自豪，公司内部的士气较高且有活力。

日本人在其人生中最关心的是家的创造。设于北海道夕张郡的风格独特的“重要木之城”[38]住宅厂家，以宫廷大工的技术来建造完美的住宅，同时又绝不使用化学建材，以满足高端客户的需求。

位于东京都世田谷区的伊佐 Homes 是一家定制高级住宅的公司，为了让住宅代代相传，公司专心致志地利用大量的“木”来组装，构建房屋。伊佐裕社长说："自己基本上不读经营的书，但却喜欢阅读客户的来信，从中得到了无与伦比的鼓励。"实际上，社长不读的书可由知识分子或学者去读。他说，"本物"的制作会持续给企业财务带来好转。这是对自己经营的自信表现吧。

热爱"本物"的人是必然存在的，能够满足他们的需求，即意味着将工匠的活跃场所扩展开来了。

◇"中学毕业是金蛋"

我们已经到了必须审视"全员一律"的教育时期。在少子化的同时，人才的配置要适才适所才能发挥作用。到目前为止，以上的行为都是必要的。

早期就发现年轻人的潜能，并对其进行拓展教育，是必要的。这也是音乐、体育、理科、艺术等方面共通的课题。快速成长与不断学习的青年人，他们的热情向何处去？他们对自己的人生如何做规划？这些是由国家的某些方面所决定的。对于那些"暂且可在名片上加印大学毕业"而无目的度过 4 年的人来讲，必须要警钟长鸣。

曾经有过"中学毕业是金蛋"的时代，也许会再次迎来那样的时代。如今，社会正在逐步多样化，人们都可以在各自的领域成为"专家"。

三、支持并彰显职人的制度

职人文化与资助者

材料是高价的，要想追求美，还是需要金钱的。为此，自古以来艺术与文化的场合都有资助者，在他们的财政援助（经常是以作品订货的形式）下，多数事情自然会圆满结束。

意大利文艺复兴的支持者、佛罗伦萨的美第奇家族与罗马的教皇等，以及日本的天皇家族与将军家族等，都是当时的掌权者，因而往往会成为资助者。

飞鸟、奈良时代，天皇与豪族们善待职人。平安时代，以藤原[39]家为核心的贵族文化如同花儿般绽放。进入武家时代，室町幕府的第3代将军足利义满[40]的北山文化[41]、第8代将军足利义政[42]的东山文化[43]，其中都能看到职人之技。由他们主持建造的大规模的寺社佛阁，也是对职人强有力支援的结果。

时已至今，现代的资助者，都是比过去更大的资助者。就连政府在财政上的限制，也比过去更为宽松。

政府出台的政策和倡导的实践，一方面要减少财政的开支，另一方面还要增强职人的信心。除人间国宝和现代的名工制度外，还设立了总理大臣奖、经济产业大臣奖等不同类别的奖项，以各种方法来尝试对职人的支援。

“名誉”和“奖励”，在某种意义上能够支持职人的信心。

“天下第一”的称号

刀工曾经有“××守”，即所谓的“受领名”那样的名义。很早以前，就有给予卓越的职人以特别称号的习惯。如室町幕府，对于特别优秀的职人给予“天下第一”的称号，对能面（能剧演出中所使用的面具）作者赋予“天下第一是闲”和“天下第一河内”等名就是那样的例子。

不久，足利将军逐渐失去权力，“天下第一”的称号不再被许可，使用者一旦继续使用，即被废止。当织田信长大权在握时，这些称号又开始具有权威性。可是，织田信长并没有赋予这样的称号，他使用了“天下布武”的印章。对于已经意识到“天下”之重的他来讲，认为不应该轻易就用“天下第一”的称号。

京都的镜屋曾给织田信长送过一面手镜，手镜的里面铸有“天下第一”的称号，织田信长看到后，把京都所司代[44]村井贞胜[45]叫了过来，就去年来的两位镜师使用这个称号的事情，将村井予以叱责。

另一方面，由于给予这样的“称号”是勉励职人的意思，织田信长对此予以充分理解。

另外，在织田信长时代，围棋界出现了空前绝后的名人，如寂光寺[46]的日海上人——本因坊算砂[47]。本因坊是寂光寺七个塔头中的一个，因算砂在那里住过而有此称呼。织田信长因对其技艺非常佩服，授予其“名人”的称号。元和九年（1623）算砂逝世后，“本因坊”之名成为一个流派而得以传承。由于信长给予他的“名人”称号已经名声在外，进而围棋和象棋也有了“名人战”

的赛事。

丰臣秀吉选出了各领域的名工，只会有一人被给予“天下第一”的名号。声名远播者，有制作陶器者吉左卫门常庆[48]、莳绘师法桥幸阿弥长清[49]、髹涂师盛阿弥绍甫[50]等。

进入德川时代，这样的称号再次出现并被滥用，商铺的招牌上也开始有了“天下第一”的称号，对此幕府是一忍再忍。直到第5代将军德川纲吉[51]主政的天和二年（1682）七月，开始禁用“天下第一”的称号，终于为“天下第一”的公认制度打上了休止符。

国宝制度

明治维新之后，日本面临着佛教寺院的建筑与寺中宝物的损毁危机，即所谓“废佛毁释运动”。

根据《元兴寺缘起》（元興寺縁起）记载，佛教传到日本是在公元538年，善于汲取外来事物的日本人祖先将其吸收后，融入神道教。神宫寺（神社内的寺院）早在8世纪初就已建成，在其后1300年的漫长岁月里，形成了在鸟居的本殿内祭祀佛像的习惯。神道与佛教得以共存与融合，这被叫作“神佛习合”。

神道的祭主是天皇，王政复古[52]即意味着神道的复权。明治新政府对神道与佛教混杂在一起的状况表示忧虑，于明治元年（1868）发布了神佛分离令。实际上，这是一种限佛令。京都的祇园社与爱宕权现（一种日本神的神号，有武神、火神的性质）等都是神佛习合的神社，后被改称为八坂神社、爱宕神社，出现了奈良兴福寺[53]的僧侣被强制担任春日大社[54]的神职等事件。在奈良，运动特别过激，是因为当时的奈良县令四条隆平[55]是极端的废佛论者。

根据四条县令的命令，在兴福寺的五重塔塔顶系上网，要将其拉倒，幸运的是塔还比较坚固，勉强能够坚持不倒。于是，接下来想要焚烧，柴火在塔的周围堆积如山，已经点燃了，但因遭到周围居民的反对而被制止。然而，不要误会。他们不是惋惜五重塔，而是考虑火势蔓延的危险性才反对的。此后，县令四条隆平被调职，兴福寺的五重塔才勉强以其优美的姿态屹立至今。

明治八年（1875），由于大教院（神道宣教活动的场所）的废止，废佛毁释运动才好不容易进入了尾声。其间许多珍贵的佛教美术品，或是流向海外，或是成为灰烬，令人惋惜。

在这里站出来的，是福泽谕吉[56]门下的元文部省少辅（现在的事务次官）九鬼隆一[57]。

明治二十一年（1888），宫内省设置了临时全国宝物取调局，九鬼隆一就任委员长。临时全国宝物取调局，是宫内省设置的古美术调查机关。九鬼隆一经常在政府内强调保护与调查日本古美术的重要性，终于有了结果。

九鬼隆一上任之初，就将如同子嗣般的部下冈仓天心[58]和友人滨尾新[59]等人添名委员之列，调查全国的古寺中应该被保存的物品的现状。九鬼的传统美术保存运动涉及多个领域，拯救了即将要被废除的祇园祭的山车。

此后，这个临时全国宝物取调局在明治三十年（1897）实行的《古社寺保存法》中，最早使用了“国宝”一词。此时所涉及的保存对象，还只限于寺社佛阁所有的建筑物和美术品。昭和四年（1929），《国宝保存法》取代了《古社寺保存法》，对保存对象的限制废除了。

后来，由于太平洋战争的空袭，京都奈良以外的文化遗产多数被损毁。在这样的背景下，各种残存的文化遗产被重视因而得到保护。昭和二十四年（1949）一月，发生了一起日本美术史上从未有过的灾难。

代表白凤文化（在飞鸟时代绽放的落落大方的文化）的法隆寺金堂壁画，在修复过程中因失火全部被烧毁。这是国宝中的国宝，此事对政府的冲击巨大。在金堂壁画消失的翌年，替代《国宝保存法》的《文化遗产保护法》开始实施。据此，从民俗资料到出土文物等的保护对象更广范了，守护国宝的重要性进一步得以强调。

昭和五十年（1975），《文化遗产保护法》做了进一步的重大修改，不仅仅是文化遗产保存必需的修复等传统技术，与之相关联的工具制作、材料保存等均被网罗其中。由现在的文化厅统一管理，实际上是要在更广泛的意义上落实文化遗产保护政策。

无形文化遗产（人间国宝）

昭和二十九年（1954），根据《文化遗产保护法》，建立了无形文化遗产制度，即“人间国宝”。对象除职人外，还包括艺能，被指定的个人每年可以获得 200 万日元的经济支持。这些事情是由文部科学省主管的。

当初的认定基准是，“资助措施应该是针对无形文化遗产的”，有价值的项目是有可能维持自身经济的项目，故不能成为资助的对象。因此当时的媒体将此制度指定的项目表述为“衰亡之技，失传之秘”。如今，以“有必要资助的项目”为对象的制度的趣旨未变，但在实践时重心已经向“价值特别高的项目”上转移。

区别于人间国宝，从昭和四十二年（1967）开始，日本厚生劳动省发起设立对卓越技能者（“现代名匠”）的表彰制度。与人间国宝相比，这样的认定人数要多很多。从第一届到平成十八年（2006）的第四十届，已经表彰了 4538 人。

人间国宝和现代名匠，那些受到认定的职人以此为契机越来越精进，并且有效地提高了技艺。从某种意义上说，这样的制度能够给职人以希望，可以说是有积极作用的。

即便不是第一，幸福不就好了？这也是最近的风潮吧。一时，就连幼儿园和小学的运动会上也在播放 SMAP[60] 的流行歌曲《世界上唯一的花》（世界に一つだけの花）。在奥运会等其他的体育世界中，人们不会改变对“第一”的要求，然而对自己的要求却很宽松。

对职人技术那样没有客观标准的事物进行排序是困难的，要是职人说“这样就很幸福了”而止步不前的话，“感动”就没有指望了。体育冠军带给我们的感动，源于他们为了做到最好而不断努力和抛洒热血。

而人间国宝所带给我们的“感动”，是他们日复一日的积累和精进。

宫内厅御用者

资助能力与权势是成比例的。天皇家的影响力对于职人的世界来讲，就是在镰仓、室町等武家社会中也是不能被低估的。然而，由于对天皇家的敬意未变，“御用”的物品就有了意义，其敬意也只有在此了。

旧皇族出身的明治天皇的玄孙、作家竹田恒泰[61]先生与我曾一同获得过山本七平奖[62]，我们便建立了友谊。前不久，就御用者制度向其请教，虽然御用者制度已经被废止，但还是非常恳切地想了解此制度的来龙去脉。富士电视台节目连载的竹田先生的《皇室教科书》（皇室のきょうかしょ）中，就有关于宫内厅御用者的内容。以下是竹田先生受访的答复，是对御用者制度的历史及其存在的考量。

为宫中制作商品的业者，至幕府末年被称为“禁里御用”。江户时代中期的元禄十四年（1701），出入宫中的商人和职人有286人，其职业种类从装束、扇子、鞋履、食器等日常使用的物品到蔬菜、鱼、点心、酒类等食物，以及修缮建筑的维修工等。

禁里御用商人在采购御所的物品时，会将“御用”写在提灯上，然后拿着御用札去御所。这是值得夸耀的，禁里御所的御用服务，对于商人、职人来讲都是一种荣誉。

有则小故事展现了皇室与禁里御用商人的深交。足利将军时，朝廷的财政逐渐进入窘境，是对天皇的食物很不用心的时期。

此时，一位对皇室无限崇敬的叫川端道喜[63]的点心屋主人得知此事，哀叹不已，每天献上专门为天皇制作的点心。六枚点心用素烧的器皿装好，进而用三片白木套在了素烧器皿的外面，每天供应天皇。川端道喜给天皇献上饼之后，被叫作“早上好”，作为皇室早晨的仪式被留存至今。

进入江户时期，根据江户幕府的方针，对朝廷的敬意有所加深，财政也开始安定，天皇的食物已没有任何问题，朝廷没有忘记恩惠，将川端道喜一直作为禁里御用者，并将其名作为御用称号延续下来。

明治二年（1869）迁都东京，对于京都的禁里御用商人们来讲，面临着是留在京都，还是去东京的重大抉择。

经营和式点心的“虎屋”店主，在明治二年时就将其弟派往东京，让其继续担任御用者。明治十二年（1879），店主也迁居东京。现在，虎屋的东京赤坂总部就在皇族的御殿和御所的前面，如今依然为宫中贡奉和式点心。

另一方面，前述川端道喜也曾迁居东京，结果东京基本上没有京都风味的点心售卖，于是再度回到京都经营其饼屋。如今，川端道喜的“御所粽子”与“虎屋”在元旦时，招待两陛下的“菱形的花瓣年糕”等，都是贡奉皇族的御用点心。

进入明治，经营洋装、洋伞、洋餐具、洋点心等西洋商品的商人活跃起来，御用者的从业人员人数激增。因此，宫内省（宫内厅前身）于明治二十四年（1891）制定了“宫内省御用者制度”，设置了一定的基准以便进行严格审查，只有得到认定的从业者才能使用“宫内省御用者”的称呼。

昭和十年（1935），审查的基准进一步严格，以“连续5年以上获宫内省批准服务”为从业者的条件，并且还有各种各样的报告义务。进而，还规定了“宫内省御用者”的称呼与标识只有5年的使用期限，以及不能将其滥用于广告等处。战争结束后，因宫内省改称宫内厅，就有了“宫内厅御用者”的称呼。

作为从江户时代前就从事宫中服务的从业人员，在和式点心方面，除前述川端道喜与虎屋之外，“俵屋吉富”也从江户时期开始贡奉和式点心。在其他的食品方面，“麸嘉”贡奉的面筋已经有了150年左右，而“松前屋”在600年间一直为皇室贡奉海带食品。

明治时代以来，作为宫内省御用者的食品，有“盐濑总本家”的馒头、“狸子煎饼”的煎饼、昭和时代初期慰问团采用的“清月堂本店”带有菊纹的点心和羊羹，以及制作洋点心的“高隆邦”贡奉的饼干和巧克力、“文明堂”的蜂蜜蛋糕，还有“龟甲万”的酱油、“千疋屋”的水果、“山本紫菜店”的紫菜、“丸间醋”的醋、“小黑米店”的精米。另外，日本酒的“惣花”“樱正宗”“菊正宗”“月桂冠”都是众所周知的。

在食品以外，“大冢制靴”自从明治十五年（1882）为明治天皇制靴以来，就负责了靴子的贡奉。“库斯”（旧名东京帽子）曾3次为昭和天皇贡奉中折帽。材料选用的是野兔子的毛，相传制作者要斋戒沐浴后才开始制作。

还有，“御木本”从大正十三年（1924）开始为宫廷制作服饰，“田屋”（东京银座）为昭和天皇与现任天皇等皇族制作了许多领带，“塔尼扎哇”（东京银座）从战前开始为宫中制作皮包，

"宫元商行"（东京银座）从明治时代后期开始为宫中制作银器，"山田平安堂"（东京猿乐町）从昭和初年以来为宫中贡奉漆器。

即便现在我们还用"贡奉"这个词，但它是不是"御用"，我们也不得而知了。

宫内厅御用者制度于昭和二十九年（1954）被废止。这个称呼被滥用也是事实，不过，被废除的理由却不明确。

◇ "宫内厅御用者制度复活"

据前面的竹田恒泰先生说，御用者制度在英国依然存在。

英国王室的御用者们被称为"路易雅·威兰德"，是对定期为伊丽莎白女王二世、爱德华公爵、查尔斯王子提供物品和服务的个人和企业所给予的称号。现在，还持有路易雅·威兰德称号的个人和企业有 900 多个。

要拥有路易雅·威兰德的称呼，首先要连续无偿为王室提供产品服务，得到御用者委员会的品质认可，最终还必须得到王族的认定。被认定的从业人员，能够在 5 年中同时使用路易雅的纹章和"御用者"的文字，5 年过后需要更新。

包括已故的伊丽莎白在位期间，能够连续 4 届获得王族认定的公司只有 7 家，这真是非常高的门槛。

话说回来，日本的御用者制度一时也恢复不了吧？

迄今为止，日本人对皇室依然保持着敬意。正因为如此，为了成为御用者的职人会努力。获得了称号的职人，也不会安于现状，会不断精进。另外，如果有好的宣传，从而唤起需求，那么就可以说是一举两得了。

注释

1 大正时期：指日本大正天皇在位的时期（1912—1926），日本历史上短暂而相对稳定的时期。这一时期民主自由的气息浓厚，后来称之为“大正民主”。

2 长谷川如是闲：1875—1969，日本文明批评家、评论家、作家。“如是闲”为其雅号，本名为万次郎。1947 年当选为帝国艺术院会员，1948 年被授予文化勋章。著有《现代国家批判》《一颗心的自传》《长谷川如是闲选集》等。

3 阿尔罕布拉宫：西班牙的著名故宫，中世纪摩尔人在西班牙建立的格拉纳达埃米尔国的王宫。它是摩尔人留在西班牙所有古迹中的精华，有“宫殿之城”和“世界奇迹”之称。

4 伦巴第：一个位于阿尔卑斯山和波河的一个意大利北部大区。包括米兰、布雷西亚、蒙扎、贝尔加莫、科莫、帕维亚、克雷莫纳、瓦雷泽等主要城市。

5 吕贝克：位于德国北部的石勒苏益格-荷尔斯泰因州，一座典型的中世纪山地城市。1987 年，“汉萨同盟城市吕贝克”被联合国教科文组织列为世界文化遗产，是欧洲北部第一个被列入世界文化遗产的城市。

6 汉萨同盟：12—13 世纪中欧的神圣罗马帝国与条顿骑士团诸城市之间形成的商业、政治联盟，以德意志北部城市为主；14 世纪晚期至 15 世纪早期达到鼎盛，加盟城市最多达到 160 个；1669 年解体。

7 共济会：字面之意为“自由石匠”，全称“Free and Accepted Masons”。最早出现在 18 世纪的英国，是一种非宗教性质的兄弟会，也是目前世界上最庞大的秘密组织，他们自称宣扬博爱、慈善思想，以及美德精神，追求人类生存意义。

8 贝尼托·墨索里尼：1883—1945，出生于意大利费拉拉省，意大利国家法西斯党党魁、法西斯独裁者，第二次世界大战的元凶之一，法西斯主义的创始人。1945 年 4 月 28 日，与其情妇等 15 人在科摩湖畔被枪决，尸体被倒吊在米兰的一个广场上示众。

9 葆蝶家：意大利文“bottega”，对手工、艺术作坊的称呼。

10 多梅尼哥·基尔兰达约：1449—1494，意大利佛罗伦萨文艺复兴时期的“第三代”画家。相对于同期的韦罗基奥、波提切利，其作品风格传统、坚实而平淡。其最大的成就是在佛罗伦萨所绘的大型壁画《站立圣母马利亚和圣约翰》。亦有肖像画传世，最有名的一幅肖像作品是《老人和他的孙子》，收藏于卢浮宫博物馆。

11 裁缝街：英国伦敦西区的一条两百多年历史的小街，街上的店铺都是老字号，以手工制作男装为主，在行内叫得响的就有 26 家。

12 萨瓦托·菲拉格慕：1898—1960，出生于意大利的博尼图（Bonito），排行 11。1914 年，他开了一家补鞋店，被誉为电影巨星的专用鞋匠。1947 年，所设计的“隐形”凉鞋为他赢得了被誉为“时装界奥斯卡”的内曼·马库斯（Neiman Marcus）奖。1948 年设计的极细而尖的高跟鞋继续带领潮流。1957 年出版了自传《梦想的鞋匠》（*The Shoemaker of Dreams*），当时已有超过两万种的设计和注册了 350 个专利权。

13 托尔纳博尼街：意大利佛罗伦斯著名的奢侈品店街。

14 奥山清行：1959— ，日本山形县山形市人，著名工业设计师、汽车设计师，奥山清行设计事务所创始人，中国中央美术学院客座教授。曾在多家外国设计机构任职，著名的法拉利跑车 ENZO 和 ROSA 均为其设计作品。

15 昭和天皇：1901—1989，日本第 124 代天皇，1926—1989 年在位。名裕仁，称号迪宫。他是日本最长寿以及在位时期最长的日本天皇，执政长达 63 年，他对生物分类学有研究，有《相模湾产后鳃类图谱》《相模湾产海鞘类图谱》以及《那须植物志》等著作。

16 《宇津保物语》：日本平安时代中期的一部长篇物语，日本最古老的长篇物语之一，描述的是当时贵族演奏中国传入的琴的盛况。

17 幸田露伴：1867—1947，出生于日本江户（今东京），本名为幸田成行，日本小说家，别号蜗牛庵。1889 年发表小说《露珠圆圆》，登上文坛。以《五重塔》和《命运》等作品确立了其在文坛的地位，与尾崎红叶、坪内逍遥、森鸥外等人齐名，这一时期在日本文学史上被称为“红露逍鸥”。1937 年获日本政府颁发的第一届文化勋章。

18 永六辅：1933—2016，东京人，本名永孝雄，日本的广播节目主持人，演员，随笔家。原广播作家，作词家。1994 年，发表了《大往生》，受到好评。有多部作品传世。

19 小泽昭一：1929—2012，东京人，日本著名演员，散文家、俳句诗人、曲艺史研究者。曾任放送大学客座教授、日本新剧演员协会会长、“肥皂泡座”剧团团长、曲艺学会顾问等职。亦有多部文学作品传世。

20 尺贯法：长度、面积等的计量单位体系之一，在东亚国家广泛使用。尺贯法的尺，是长度单位，质量的基本单位是贯，尺贯法的名称是日本独有的。

21 东大寺：日本华严宗大本山，别称大华严寺、金光明四天王护国寺等。该寺位于平城京（今奈良）东，所以被称作东大寺，是南都七大寺之一，又是全国 68 所国分寺的总寺院，距今有 1200 余年的历史。1998 年作为古奈良的历史遗迹的组成部分被列为世界文化遗产。

22 宫大工：对寺庙、神社或者神舆等日本传统木造建筑进行修缮、盖造的工匠。

23 西冈常一：1908—1995，生于奈良县生驹郡斑鸠町法隆寺西里，日本著名宫大工。曾维修过多座古建筑，被称为“最后的修建宫殿的木匠”。获文化遗产保存技术者、文化功劳者、斑鸠市名誉市民等荣誉。

24 阪神淡路大震灾：1995 年 1 月，发生于日本关西地方的大规模地震灾害，因受灾范围以兵库县的神户市、淡路岛以及神户至大阪间的都市为主而得名。

25 《徒然草》：吉田兼好法师著，日本中世文学随笔体的代表作之一，跟清少纳言著作的《枕草子》和鸭长明著作的《方丈记》同被誉为日本三大随笔。书名也可译为“排忧遣闷录”。书中有杂感、评论、带有寓意的小故事，也有社会各阶层人物的记录。

26 冈本太郎：1911—1996，神奈川县川崎市人，日本建筑大师。一生中遗留下来的作品涉及油画、版画、雕塑、陶艺、摄影、著作等多个领域，被称为日本的“毕加索”。为了纪念其在艺术上所做出的贡献，1998 年在其家乡神奈川县川崎市，建造了一座冈本太郎美术馆。

27 尾形光琳：1658—1716，日本德川时代的画家，装饰艺术家。其绘画作品简洁，色彩对比大胆，对其后的日本艺术有一定的影响。作品《风雷之神》被列为国宝。《松岛的浪》和《浪》系其以石和海浪为题材的屏风画代表作。

28 家元制度：以“家元”为中心统领其流派的制度。以“家元”为最高权威，旗下拥有众多弟子，因而是一种等级制度，同时也是世袭制。如果“家元”故去，则由其男性后代（或其养子）来承袭。当下在日本，茶道、花道、日本舞、能、狂言等诸多领域里依然采用“家元制度”。

29 《风姿花传》：世阿弥所著的日本能剧理论书。也是世阿弥留下的 21 部书中最早的作品。此书以亡父观阿弥的教导为基础，加上世阿弥自身对技艺的理解著述而成。内容包括能剧的修行法、心得、演技论、演出论、历史、能剧的美学等，既是日本最古老的能剧理论书，也是日本的古典美学作品。

30　一子相传：日本的一种特有的传承方式。指在传统的艺能方面，一些最为重要的要义、秘籍等，只传给自己的子女中的一人，一般为长子，以防泄露给外人。

31　世阿弥：1363—1443，通称三郎，本名为元清，日本室町时代初期的猿乐演员与剧作家。其关于能乐的理论著作，现已发现23部，最重要的有《风姿花传》《至花道》《花镜》《能作书》《却来花》等，绝大部分是秘传书。内容涉及戏剧美学、编剧技巧、表演艺术、音乐舞蹈、戏剧批评、习艺方法、戏剧与观众等。

32　平内政信：1583—1645，出生于日本纪伊国（现和歌山县）那贺郡，江户时代的木匠栋梁。著有《匠明》。传世作品有和歌浦天满宫（和歌山县和歌山市，1606）、轮王寺常行堂（栃木县日光市，1619）和喜多院多宝塔（埼玉县川越市，1638）等。

33　《匠明》：日本江户时代初期平内政信著作的大木工艺书，共5卷：门记集，社记集，堂记集，塔记集，殿屋集。

34　松浦昭次：1929—，出生于日本静冈县藤枝市，日本"国家选定保护技术"持有者。代表性的修复工程有海住寺的五重塔等5处国宝，法隆寺的山门等27处重要文化遗产，被称为最后的文化遗产专业的修建宫殿的木匠。

35　近藤真琴：1831—1886，日本江户人，别名真琴，字徽音，通称为诚一郎，日本教育家，思想家，攻玉塾创始人，明治时期六大教育家之一。

36　攻玉塾：成立于日本江户时代末期的文久三年（1863），明治后期与庆应义塾、同人社（1887年废止）合称"三大义塾"。1947年，根据学制改革，成立新攻玉社中学校。第二年，新制攻玉社高等学校成立。近年来，在东京都内也是屈指可数的学校。

37　李御宁：1933—，出生于韩国忠清南道，著名随笔家、文艺评论家、小说家、剧作家、韩国文学研究学者、比较文化评论家，曾任韩国第一任文化部部长。已出版150余种著作，其中《这就是韩国》《日本人的缩小意识》等书畅销韩日，并被译介到法国、美国、中国台湾等地。先后被授予大韩民国猛虎勋章和绿条勋章等，被誉为"东亚文化巨人"。

38　重要木之城，即重要木之城有限公司，成立于1950年，是一家面向日本北海道的木构定制的住宅建设公司。

39　藤原：日本姓氏之一。古代豪族中臣镰足（614—669）因功勋卓著，天智天皇

（626—671）赐予藤原朝臣的姓氏。

40　足利义满：1358—1408，幼名春王，法名鹿苑院天山道义，日本室町幕府第3任将军。

41　北山文化：日本室町时代初期的文化，以第3代将军足利义满的北山山庄为代表，时间跨度为14世纪末至15世纪上半叶。其最大特色就是融合传统的公家文化和新兴的武家文化，以及受到禅宗的影响。

42　足利义政：1436—1490，初名义成，法名慈照院喜山道庆，日本室町幕府第8代将军，第6代将军义教之子。好艺术风流，经常庇护艺术者与文化人，曾经发起东山文化。

43　东山文化：日本室町时代中期（东山时代）的文化，相对于北山文化的称呼，以室町幕府第8代将军足利义政建造的东山山庄（慈照寺银阁）为象征。

44　京都所司代：织田信长幕府机构官职之一，在行政长官身旁，维持京都治安，负责与朝廷、贵族、寺院进行交涉，修复御所，接待使者，进行信长出行前的准备，以及发布与京都有关的行政命令等。

45　村井贞胜：1528—1582，日本近江国人，日本战国时代武将，织田家之家臣，为家中第一位幕僚。

46　寂光寺：位于日本京都府京都市左京区的寺院，显本法华宗本山。山号妙泉山。本尊十界曼荼罗，开基（创立者）为日渊。

47　本因坊算砂：1559—1623，生于日本京都长者町，幼名加纳与三郎，亦作加能三郎。日本安土桃山时代、江户时代著名围棋与将棋棋士，一世名人。

48　吉左卫门常庆：1561—1635，日本战国时代到江户时代初的陶工。曾用白釉制作名为“香炉釉”的大型歪斜的茶碗，与本阿弥光悦过往甚密。

49　幸阿弥长清：1529—1603，日本京都人，日本莳绘世家幸阿弥家第六代。有“天下第一”和“法桥”的称号。

50　盛阿弥绍甫：生卒年不详，日本京都人，绍甫为其法名。为千利休所看重，擅长制作枣红色器物，作品有碗盘等，获丰臣秀吉命名的“天下第一”的称号。

51　德川纲吉：1646—1709，生于江户城，乳名德松丸，德川幕府第5代将军，在职期间为1680年至1709年。是第3代将军德川家光的第4子，1680年由馆林藩入继将军家。其一生可说功过参半，绰号犬公方（狗将军）。

52　王政复古：日本江户时代后期，废除江户幕府、政权移交朝廷的一次政变，明治维新的一个高潮。

53 奈良兴福寺：日本法相宗大本山，位于奈良市登大路町。本寺多次遭回禄之灾，现存建筑物有中金堂、东金堂、南圆堂、北圆堂、五重塔、三重塔、大御堂（菩提院，俗称十三钟）等。

54 春日大社：位于日本奈良县奈良市奈良公园内的一座神社，旧称为春日神社。社内的3000座石灯笼和吊灯笼十分有名，还藏有包括520件国宝级文物在内的3000件文物。

55 四条隆平：1841—1911，日本幕府末年的公家，明治时期的内政官僚、政治家。

56 福泽谕吉：1835—1901，日本明治时期的启蒙思想家，庆应义塾的创办者。1881年创刊《时事小言》(《时事新报》的前身)，使民权运动从当初的批判过渡到官民和谐。晚年的《脱亚论》(1885)，支持富国强兵政策。有《福泽谕吉全集》21卷传世。

57 九鬼隆一：1852—1931，出生于日本兵库县摄津三田，本姓星野，日本明治时代的美术行政家。作为东京帝国博物馆的创办人，明治二十二年（1893）成为初代总长，在古美术的保护工作上卓有贡献。

58 冈仓天心：1863—1913，日本横滨人，幼名角三，后更名觉三，中年号天心，日本美术活动家、美术教育家、文艺理论家。主张保护和发展日本的传统美术，试图立足于狩野派绘画，同时又兼取各派所长，并采用西方绘画写实手法来创造新日本画。1890年，就任东京美术学校校长，兼任帝国博物馆理事、美术部长等职。1891年当选为日本青年绘画协会会长。1904年起，先后被聘为美国波士顿美术馆的东方部顾问、东方部部长，往返于日美之间，其间还兼任文展审查员、国宝保存会会员，并且在东京帝国大学讲授美术史。主要英文著作有《东方的理想》《东方的觉醒》《日本的觉醒》《茶之书》。有《冈仓天心全集》传世。

59 滨尾新：1849—1925，出生于但马（今兵库县丰冈），日本明治、大正时期的教育行政家。曾任东京帝国大学的校长而闻名。1880年，转文部省行政，任官立学务局长、专业学务局长等职，为东京职工学校（东京工业大学的前身）、帝国大学（农科大学农学部）的成立等做出过贡献。

60 SMAP：日本国民偶像团体，1988年4月成立，隶属于日本吉尼斯事务所，由木村拓哉、中居正广、稻垣吾郎、香取慎吾、草彅刚五位成员组成。

61 竹田恒泰：1975— ，出生于东京，毕业于庆应义塾大学法学专业，日本明治天皇玄孙、作家。政治思想激进，日本媒体将其视为日本右倾化的代表。

62 山本七平奖：日本PHP研究所主办的山本七平纪念学术奖。以在日本写作的由日本国内出版的社会学、政治、经济学、哲学、宗教学、比较文化等人文科学、社会科学的论文为评选对象。

63　川端道喜：？—1592，本名五郎左卫门，把川端作为家名，日本室町时代的京都点心商人。永正一年（1504）时在皇宫篱笆外御沟边开设点心店，供应御所。

第三章　现代的“匠人”

一、日本酒

日本酒是用国民的主食酿造出来的，在世界上也是相当珍贵的酒。

路易斯·弗洛伊斯曾经不可思议地说道："这个国家的国民，一年当中基本上都是把酒烫了喝的。"今天的日本人与过去的日本人一样，都喜欢将酒烫了后再喝。作为民族的习惯，长期以来竟然基本上没有变化。

日本酒与葡萄酒一样，是酿造酒的一种。追溯酿造之意，"酿"这个词来自"啮"，未婚的女性用嘴来啮嚼米使其粉碎，将粉碎的米放在瓮中贮存发酵，这被认为是酿酒的起源。自古以来，祭祀都是女性的事情，酿造酒也是女性的神圣工作。

平安时代中期（10世纪初）编纂的《延喜式》[1]中也记述了女性造酒的事情，就连《职人歌合》也描述了造酒的女性职人的姿态。然而，进入江户时代以降，造酒业成为男性的职场，不知是从什么时候开始流传起"女性进入菊部屋，酒会变酸"等随意的说法。

平成元年（1989），随着酒税法的修正，支付税金的额度可分为特级、一级等的等级，与质量无关的顺序终于被打上休止符。其实，在昭和五十年代后半期开始，就已经出现了空前的寻求美味的日本酒的热潮。

于是，尝到销售甜头的一部分厂家开始在酒中混合酿造酒精，将原酒稀释后再销售（即所谓"三倍增酿酒"），利益优先的行为开始横行。

与其说是肩负着日本文化的职人的骄傲，还不如说是愤怒。在英语中酒被叫作“spirits”（蒸馏酒），而日本酒本来就包含着日本人的“spirits”（精神）。

日本人的“烈酒”传承

——匠之美1：大七酒造[2]　太田英晴[3]社长与杜氏（技术领衔）·佐藤孝信[4]

在日本全国各地数量众多的酒窖中，最能从根本上体现“职人气质”的酒窖是位于福岛县二本松[5]的大七酒造。

所谓“酒母酿造”，是元禄时期在滩[6]确立的传统酿造方法，至今仍被沿用。采用这种方法所生产的酒，在每次品尝酒的比赛中都独占鳌头。在懂日本酒的人中间，大七酒造是众所周知的酿酒厂。

酿酒首先是米，适合用作酒米的是大颗粒的“心白”品种。所谓“心白”，是指米的中心淀粉与外皮有间隙，是白色的可见部分。间隙便于吸收水分，使酒曲的制作更加容易。

适合用来酿酒的好米有多种，山田锦与五百万石便是最好的两种。山田锦是大正十二年（1923）在兵库县立农事试验室培植成功的，五百万石是昭和十二年（1937）由新潟县立农事实验室培植成功的。此后，曾反复试验改良酒米的品种，至今未有能够超越此前的品种出现。大七使用的酒米，便是这两种。

米粒外侧近旁的物质饱含脂肪与蛋白质，这些成分会产生杂味而影响到酒的口感。还有，脂肪的成分多了，能够出现吟酿香。为此，尽量将米的中心部分蛋白质多的地方去除，用酿酒的术语来说叫“磨”。大七企业为了磨米，专门开发了“超扁平精米技术”。后来的精米，其米粒厚的部分基本上都被去除。这一技术的开发，其效果是能够将产生杂味的部分基本上去除。

磨米之后，洁净的米亦无糠，接着蒸米。蒸米是非常重要的，由强大的火力产生干燥而强劲的蒸气，没有比传统的三洲釜（三河地区铸造的传统产品和釜）与甑（以竖纹的杉木与竹箍制作的蒸馏器皿）更好的蒸米工具了。大七企业为了新建一个酒窖，在日本全国为数不多的砌灶职人中找出拥有名人称号者，依赖于他们建造了约 1.6 米特大尺寸的和釜与灶，用耐火砖建造了巨大的烟囱。

蒸米之后就是造曲。蒸米适度冷却后在其上边撒曲菌，时间的控制以在米的周围出现绵白的絮状物为度。这就是“曲”。

日本酒在使用曲的工序上要有 4 次，各工序间所必需的曲的性质有着种种差异。为此，在一个曲室中制造所有的曲，在品质上会产生混同。对此，大七企业在 50 年前就已经采用 4 个曲室作业，基本上都是分别独立进行的。与最近流行的机械制曲相悖，在用杉木制造的曲室中，使用数百个叫作曲盖的小箱子，以传统的方法造曲。能够这样做的，在全国恐怕也就只有大七酿酒了吧。二本松之于会津来讲，属于要害之地。不过，这个地方有一种共通的固执。

这样制造的曲是没有用手加入蒸米和水的，放入酵母后使之产生爆炸性增殖，这就是“酵母作用”的制造过程。这也就是大七企业为之骄傲的“酒母”与“酵母”以及被称作“酒母酿造”工艺的由来。

在酒母酿造过程中，对度的控制很微妙，也很重要，所以基本上都是手工操作。最初的两周时间主要借助于天然乳酸菌之力进行乳酸发酵，之后培育酵母大约需要一个月。最近，乳酸发酵被省略，在调试曲头时，加入市面上的乳酸和培养酵母。只要大约两周的时间即可培育成酵母的“速酿曲”快速制法成为主流。这样做只能酿出口味单调的酒，像“酒母酿造”酿成的具有复杂而又芳醇的口味是不可能出现的。

如今，酒母一旦出现就要装到大的容器中，在四日内分 3 次将蒸米、曲、水加入容器内，这就是被叫作“醪”的东西。在大七企业，使用杉木桶来分装的传统方法在近几年得以复活。木桶是“会呼吸的容器”，在寄居于此的微生物作用下，酒才会产生风味。

在将近一个月的发酵期间，通过压榨、过滤、杀菌等工序，滤出的酒才能以最好的状态到达消费者手中，此前还要休眠。经过半年或数年的熟成期，才能送到市场出售。

回顾大七企业的酿酒历程，只有严格按照此程序酿造的酒，才符合消费者的嗜好，也才是好的成熟的酒。当然，喝的话会有不同的口味，相信他们在自我夸耀时，也在创新着酿酒技术。

在新酒窖的入口，装饰着漂亮的彩色玻璃。大田社长一边指

芳醇的回味与华丽的吟酿香是大七酒造的特长，是由过去的“酒母酿造”形成的。要做出好的产品就不能妥协，这是职人所夸耀的。（前面的一位是酿酒大师佐藤先生，后面的一位是工头酒井忠治。）

曲室。大七酒造全部使用手工制曲，没有多余的举动，没有其他的声音，极为安静。在酒造的圣地培育“精神”。

蒸米、曲、水均匀混合后的“搅拌”作业。初时的醪浆为半固体状，是相当费力的工作。（中山桂太 摄）

在以前使用过的调和罐前。（后排中央是佐藤先生）对于年轻人来说，在公司内有榜样是非常重要的。一个典型的拥有职人气质的酿酒人，总是从很高的水准对准职人发出要求，引导他们成为熟练工人。他们就像是在“微生物的森林”中，找到了丰富品味的“猎人”。

我们无意中说的“这个地方的米与水都很好啊”，这句话是酿酒人都知道的语言。与其说喝酒品尝的是米和水的味道，不如说品尝的是杜氏的酿造技术和酒藏的“诚实”。图为手持最高级酒“妙茶兰曲”的大七酒造总裁太田英晴。

着彩色玻璃，一边向我说了如下的话。

“我想酿酒应该是远离俗世的神圣之事，所以为了让职人们每次进到酒藏的时候，都可以转换心境，就设了这样一个进行祈祷的地方。”

这样的心境也一定包含在了产品里。

大七企业的酿酒作为完成度较高的日本酿造文化，是国外也想要了解的，可是在国外的销售过程中却遭到挑战。所以，有必要将日本酒中所包含的日本人的“精神”传播开来。

二、漆器

所谓漆，曾叫作“绚丽”，同时也是这一词的来源。谁都会那样理解：漆器是高雅的，其深度的美能够给人以无尽的魅力。

在英语中，与瓷器的 China 相对应，漆被叫作 Japan（或是 Japanese lacquer）。将漆器叫作 Japan ware，已是众所周知的，是能够代表日本的工艺品。

漆，是从漆树上采集的树液，是一种以漆酚为主要成分的天然树脂涂料。漆液含有漆酶的成分，在一定的温度和湿度下是活性状态，一旦与空气中的氧产生反应后，会由液体变成固体，与水分蒸发的情况完全不同，这种状态叫“干涸”。如果没有在高温干燥的环境下，漆就不容易干，所以操作起来很困难。

漆树，漆树科属的落叶乔木，成年树一般高约 10 米，多生长于山野的背风向阳处，秋天树叶变成红色，非常美。然而，树液中漆树醇、漆酚会因人而异诱发炎症，需要注意。

与日本种类相同的漆树在朝鲜半岛、中国等地区也有分布，其亚种是分布在东南亚的印度漆、柬埔寨漆等。日本的漆树液呈黄色，而南方地区的漆树液颜色则较深，印度等地出产的漆树液则呈黑色。

在朝鲜半岛、印度等东亚地区能够广泛见到漆工艺，其历史最为悠久的是中国。中国的史书记载，舜曾经利用漆制作食器，禹用漆制作祭器。在殷商（公元前1600年—公元前1046年）的遗址中，亦曾发现过漆器的残片。

顺便说一下，在日本的史书中也有如下记载：景行天皇[7]在位期间，日本武尊（景行之子）在宇陀（奈良县东北部）的阿贵山狩猎时，射中了一头大猪。它都受伤了，却仍在继续跑。于是，皇子折断漆木枝，将流出的树液涂在箭头上再次射出，大猪终于被射死倒下了。不过，这个时候，他通过端详自己手上的黑色，终于有所发现。

不可思议的是皇子开始收集漆树的树液，将其涂在木制品上，呈现出美丽的色泽。在那里，皇子将这个产漆的地方命名为漆河原（今宇陀市大宇陀区嬉河原），在漆树自然生长的曾尔乡设立漆部造，世代制造漆器。

传说归传说，从学术的角度来看，日本在绳文时代[8]就从中国引进了漆器制作的技术，这是由来已久的定论。然而，平成十二年（2000）在北海道南茅部町的垣岛B遗址中发现了约9000

年前的绳文时代的漆制品（一些手镯、发结的工具和肩章等），已经被确认为是世界上最古老的漆制品。

进一步采用 DNA 分析的结果证明，所使用的漆为日本产，不是来自中国的舶来品。恐怕漆器从中国传来之前，是阿伊努人[9]以他们民族的智慧，在北海道独自发展起来的吧。但是，这些文物在出土两年后因火灾而被烧毁了。这是无法挽回的事情，实在是很可惜。

这样的话，日本在非常早的时期就开始大量制作漆器，大宝元年（701）制定的《大宝律令》规定种植漆树的要给予奖励。漆树曾经是蜡烛的原料，这样的背景是产生漆器所必需的。

从漆树上采集树液叫“割漆”。多选择树龄在 10 年以上的，时在树液分泌兴盛的初夏，可以减少对树皮的伤害。于是，就在漆树被割伤并已痊愈的地方开始收集树液，就在划出 V 字形伤口处，用容器采集树液。这样的作业进行到秋天，不能把树木整一圈的树皮切割，否则，树木会枯死。

割伤全部树干而进行一年的采集，是“割杀”的做法。割伤一部分树干，等树皮再生后，再割另一部分，“边养边割”，是另一种做法。两种方法中前者是主流。一棵树一年采集树液少于 200 克，漆和金具有同等价值，这与时代有关。

一方面，日本国产漆的产出每年都在减少，从明治二十年（1887）起已经开始进口中国的漆，如今日本国产漆的产量只能满足所有消费量的 1%，有七至八成的漆是来自中国，还有的是从中国台湾以及泰国等地进口。

另一方面，日本国产漆的优质是压倒性的，伴随着产量的减少导致国产漆的高价。现在，如果离开了中国产的漆，日本的漆器生产就不可能完成。中国漆曾经一度停止对日输出，日本的漆器职人便陷入困境。这时，在腰果等坚果壳与油中发现了与漆酚相似的成分，可作为替代品使用，而且也不会发生漆的过敏症，至今仍在被使用。

纤细与结实的漆器

漆器的工序有 30 多道。采集漆树液是职人的工作（如前所述，如今多是从中国进口漆液，所以专门从事此项工作的人基本上已经没有了），制作胎底是木工师傅的工作，在素胎上髹漆的是髹漆工。最后，才进入“加饰”的工序。

材料是木材时，胎底便是“木地”。雕工很重要，但雕刻前的木纹也是很重要的。有“一寸一年”的说法，是因为若干燥不够的话，就难以用刀刻画。虽然想用人工干燥一口气弄干，但是，自然干燥的不容易产生差异，而人工干燥的差异很明显。

漆器上使用的“加饰”技法中具有代表性的，有莳绘、沉金（即戗金）、螺钿等。莳绘，是用漆描出纹样，在漆未干时撒上金粉与银粉，接着进行研磨使纹样凸显的技法；沉金，是用刀在漆的表面刻出线条，在线条的凹处填入金箔或银箔做出图案的技法；螺钿，是用鲍鱼或夜光贝的贝壳研磨、裁切成薄片，将其嵌在漆的表面形成图案的技法。

莳绘的起源实际上可以追溯到奈良时代。日本人的先祖在认识髹漆的同时，也在考虑其更加美丽的装饰效果。在第 5 代将军德川纲吉执政的时期，漆器的技术有了较大的进步，制作了许多绚烂豪华的抢手的莳绘作品，用纲吉的院号“常宪院时代物”称之。

近年来，松田权六[10]被叫作“漆神”，也被认定为人间国宝，并获得文化勋章，精美的莳绘就出自这样的名人之手。顺便说一下，松田在战前的钢笔厂商并木制作所［今百乐（Pilot）公司］配套制作的叫作“登喜路并木”的莳绘钢笔。德国皇帝在签署诏书时选用的就是这种笔，漆工艺的技术已为先进国家所认同。最近丝网印刷的流行，对莳绘的市场打压得很厉害，莳绘师也只是为理解自己的人而有选择地制作。

没有比生漆更能适应木材的涂料了，其不仅能够在表面固化，还能够深入到木材的内部产生作用。时间长了木材会收缩，若使用化学漆涂装，收缩时不会同步，因而会产生剥落；而用生漆则不会受伸缩的影响，不会产生剥落。但确实有很大的裂纹，那是因为树木碎了，所以漆也一起碎，可小的裂缝却很少。这就是前述的同步伸缩的结果。

漆能够防止腐败，也有防虫的效果。过去的寺院都是用朱漆髹涂，其目的并不是外表的华丽。即便被雨淋湿了，也是湿在漆的表面，水不渗入其内即不会腐烂。另外，令人吃惊的是一些试图自己立身成佛的修验者，就像木乃伊的防腐那样，据说在圆寂前要喝有防腐作用的漆，用来防腐。

漆在高温、潮湿，以及酸性、碱性的环境中，或在紫外线照射下，容易老化。在极度干燥状态下长期暴露的话，容易开裂、剥落。

关于此，在《家作职人》（家作の職人）中，作为髹漆职人的大河原光之助[11]曾经说过一段意味深长的话。他说，日光的东照宫不仅是一件单纯的雕刻、建筑优秀作品，也是一个髹漆的作品，表现了当时职人细腻的情怀。

东照宫依北侧之山随形而建，南面能够为太阳照耀。如前所述，漆能够减弱紫外线。其周围杉木林立，具有一定的防护作用。实际上，在日光的金谷酒店背面的泣虫山上能看到下面的东照宫，杉木林立之间透出铜屋顶的青色，对于紫外线的防护如同铁壁般。林立的杉木能够遮挡风雨，即使屋顶被雨淋湿，也不能速干，而是慢慢阴干的。

此外，漆还可以作为黏合剂使用，即我们所说的“麦漆”。小麦粉与漆加水调合即成，加水是为了加速干燥，只有漆才会慢慢地干，要干透就要两周左右。用来制作佛像的干漆法就是利用了漆的这个性质，将麻布用漆涂裹，从而制作出轻而牢固的佛像。

木作器具的黏合自不待言，就连损坏的陶瓷器的黏合也要使用漆。黏合后，等其髹涂的黑漆干透，再进一步涂上红漆，撒上金粉，这样的手法叫“金继”，是有名的茶碗等物破损后的修补方法，修补后的器物十分耐看。

江户时期就有“烧继屋”的买卖。用一根巨大的扁担，其两头各挂一个有缺口的盘子或开裂的茶碗，都是用漆修补过的。故有川柳云："受伤了，要到'外科'和烧继屋。"

江户时代，漆器开始用作荞麦屋的装有蒸笼和蒲烧的套盒，能够在不断加热和多次水洗的苛刻条件下使用，很耐用。关于漆器的牢固，流传着如下一段话。

明治六年（1873），为参加维也纳万国博览会，日本参展的多为国宝级的展品。返回时是明治七年（1874）二月，承运的法国籍邮船尼尔号驰至伊豆近海时，船体因长期破损而导致沉没惨剧，船上货物全部沉海。

从沉没以来，经过18个月的浸泡，海中的货物基本上解体了，施以莳绘的漆器浮上海面。此时的漆器，色彩未变，亦没有任何损伤，令人感叹不已。

只要是最好的漆器，爱惜使用且认真打理可以用好几年。所以需要注意，不要随意扔放。

源于会津的自然之美
——匠之美2：漆匠　仪同哲夫[12]

仪同哲夫是会津涂[13]的髹涂师。

从北边的津轻涂[14]到南部冲绳的琉球漆器[15]，日本全国都在制作漆器，京漆器[16]与轮岛涂[17]等的漆器至今仍然兴隆，这些值得夸耀的地方还有多处。其中，我被会津的这块土地深深地吸引住。

在大七酿酒的所在地二本松流传着二本松少年队[18]的悲剧，而会津白虎队[19]的悲剧则更有名。会津，在被明治维新时期叛军的污名附上之前，已经是非常繁荣的城下町。大约在明治维新以前的东北地区，并不是现在这样的“边远农村”的形象。

我虽然认为日本社会比较平等，但也承认存在地方性的差异。

多数的传统工艺，是由各地的大名、诸侯支持的产业振兴而发展起来的，会津也不例外，而历史上治理这块土地的蒲生氏乡[20]和保科正之[21]等的君主也起了很大作用。

会津因戊辰战争[22]而背上了贼军的污名，就连进入明治时代后的资本整合，也被推迟了很久。在此期间，会津漆器努力支撑着地方的经济。

会津之秋，当地漫山遍野的漆树变成了红色，如同梦幻般绚丽。会津涂的朱红色如同从那里汲取的，简直就如白虎队的悲剧故事一般，深深的哀愁感人至深。

◇“迎合是无用的，必须下功夫”

职人的坚守绝对是必要的。在金融机关等处常见的“客户至上”的告示，职人对之视若无睹。讨好消费者的方式是落后的。如果妥协，就不能做出好的物品。无论是材料，还是功夫，如果怀有“就这样吧”的心态，那一切就结束了。

但是，如果没有需求的话，职人会灭绝，这是事实，也是个这就是漆。就这样使用后用纸盖上，平常就不会有灰尘，灰尘严重时可用和纸做成盖子盖上。

进行最后加工“涂层”的仪同先生。作业的场地是构造厚重的仓库，在严密管理温度和湿度的环境中，就连浮游的尘埃都被控制到最少，这样才符合在“洁净室”中进行作业的要求。

铺底作业。偷工减料便成不了事。珍惜劳动、追求完美是“职人”的原点。（左页下为弟子堀田先生。）

漆树上的伤口渗出来的树液，收集起来即漆树液。如果漆树皮被切割了一整圈，它终会枯死的。漆是漆树的生命。（进行作业的是徒弟村上。）

漆器的凛然之美是值得日本人夸耀的。另一方面，漆有着杀菌作用，漆器是理想的食器，这也是不能忘记的。必须知道，漆器被收藏在玻璃橱窗中成为鉴赏对象时，其生命就已经失去了一多半。

令人费解的问题。但是我们不能“妥协”，只能通过“下功夫”来解决问题。

三、和纸

东汉蔡伦制作出现代“纸”的原型是在公元105年。然而，随着西汉时期的遗址中出土了用植物纤维制造的纸，现在蔡伦的地位已经由造纸法的创始者变成了改良者。

公元610年，作为高句丽使节的来日僧昙征将最早的“纸”传到了日本。几乎同时，造纸法忽然就传播开来。据《正仓院文书》（正倉院文書）记录，天平九年（737）在美作[23]、出云[24]、播磨[25]、美浓、越前[26]等地的抄纸已经流行。

之后，为了《国史》与《风土记》的编纂，设立了图书寮的机构，掌管纸的制造与调配。纸曾经是稀少的贵重物品，日常使用的是调配方便且有可能再利用的木简。

在那个时代用纸的大事件，首先想到的就是宝龟元年（770）完成的百万塔陀罗尼经。称德天皇[27]用了6年的时间，印成了《无垢净光大陀罗尼经》（無垢浄光大陀羅尼経）百万卷，并将它们安放在小型的宝塔中，奉献给法隆寺、东大寺等主要的十大寺院。比约翰内斯·古登堡（Johannes Gensfleisch zur Laden zum Gutenberg）[28]的活版印刷要早700年，是世界上现存最早的印刷物。

在纸传入日本200年后的延历二十三年（804），与遣唐使[29]

同时去中国的最澄[30]，将筑紫[31]的和纸（雁皮纸）作为土特产带去。中国人认为纸的发明他们才是正宗的，硬要将“和纸”作为土特产是经过最澄深思熟虑的吧。

就连日本国内和纸也常常用作赠答品，《御堂关白记》（御堂関白記，藤原道长的日记，从998年一直记述到1021年）中记录了和纸曾作为灌佛会（祝贺释迦牟尼诞辰的仪式）布施的费用，大臣收取五帖（半纸二十枚为一帖），纳言收取四帖，参议收取三帖。

和纸本来是很结实的，用柿液、琼脂、魔芋、海藻等加涂后更结实，由于防水性得到提高，多被用来制作伞和雨衣等雨具。纸上涂油以提高防水性的方法应该始于平安时代中期。

庆长十八年（1613）伊达政宗[32]派遣支仓常长[33]等人赴罗马。途经法国时，使团一行擤鼻涕扔掉的质地柔软的纸，引起了法国市民的争抢。此事被当时一在现场的公爵夫人记录了下来。手纸要用那么好的纸是否有必要？尽管如此，欧洲人还是被其质量惊到了吧。的确，当时欧洲的书，所用的不是纸而是羊皮。

江户时期对纸的需求进一步增大，包括高级纸等都在内，有无数人以抄纸为业。就连现在讲谈社[34]的总部所在地附近的文京区音羽町，天保四年（1833）集聚了一批来自信浓[35]的职人进行抄纸，其盛况被记录了下来。东京都台东区雷门一丁目附近（以前被叫作浅草田原町），有别名“纸漉町”，过去曾盛行抄纸。

虽然说是盛行，但绝不是“轻松赚钱”式的。作业是单调的，一到冬天，水是彻骨的冰冷。歌能够唱出精神吧，当地剩下的只是抄纸的歌。

讨厌哟／讨厌／讨厌夜晚抄纸／早起哟打水／月复一月／夜静静／头皮发紧还要打纸浆／打呀打（埼玉县比企郡小川町“细川纸”）

七上八下练习抄纸／配方的比例还不知道（越前抄纸歌）

虽然产量增加了，但纸的珍贵程度却没有变化。因此，也没有人会扔掉这种纸，也不会像现在这样再利用——废纸卖给旧纸回收的商人，并被重新制造成厕所用的卫生纸。浅草的山谷周边制造的浅草纸是很有名的。

另一方面，令欧美人所“不能相信”的是，在高度的进化中产生了“高级和纸”，如土佐和纸[36]等。

以前这里的和纸职人在传统的楮树纤维中，加进了从黄蜀葵根部采集的黏液，这样一来，水就黏稠起来。纤维在水中均匀搅拌后，抄纸时纸帘被拎起来时，水会慢慢地下降，在此期间晃动纸帘架，可以让缠绕的纤维团散开。其结果，被形容为如同不到0.03毫米厚度的“蜉蝣的翅膀”般纤细优美的土佐和纸诞生了。

战争前后使用劣质洋纸印制的书籍，如今有许多已经破烂不堪而无法阅读。与之相比，江户时代在和纸上书写的信件如今仍墨痕如新，即便是经年累月，也像刚写的那样。

近年，数据什么的都是用计算机来保存，即使不是系统问题、网络恐怖主义，诸多麻烦的可能性也依然存在。这样，用日本纸做记录的重要性，是绝不可轻视的。

世界最高品质的高科技纸
——匠之美3：名盐纸[37]职人　谷野武信

谷野武信[38]是名盐纸的职人，被认定为人间国宝。

名盐是位于兵库县西宫市北部的卫星城，由于我的母亲住在兵库县西宫市山口町，我探望时总是在日本铁道西宫名盐站下车，对这附近有很深的亲近感。绪方洪庵之妻八重的娘家亿川家的住宅为人所知，是有着“通兰学”之名的历史古町。

名盐纸的历史已有300多年，莲如上人[39]在布教活动的途中曾到过名盐。越前的造纸方法被引进是一契机。另一方面，庆长年间（1596—1614）出生于名盐的“东山弥右卫门”[40]这样的人物曾多次去越前学习造纸法。同时，也有着他将名盐造纸法推广的传说。

本来，这一带的水温很低，大米种不好，可见农业在此是不成立的。因此，纸的原料，有六甲山野生的雁皮可利用，造纸的营生成为主业。

应用技术的发展是日本人的拿手好戏。越前纸在抄纸时加入了白土，而名盐的造纸职人将当地出产的四种凝灰岩碾碎后混合在纸浆中，由于凝灰岩的种类不同致使纸的颜色产生了变化，阻燃、防虫、不变色，在世界上也难以找到类似的高科技纸。

名盐纸的原料雁皮，属沈丁花科的落叶灌木，难以人工栽培，多取自野生灌木。其纤维长而细，呈三椏状。雁皮树上剥下来的皮，须在水中浸泡一昼夜，可除掉表面的黑皮。随后放入草木灰泡 4 小时，尝一下水有涩味，如此可以慢慢剥出柔软的薄雁皮，再进一步将其捣碎细化，大约 1 小时后，就会成为被叫作“草子”的流体状。

另外，将名盐产的凝灰岩粉碎成土，再将其放入搅拌装置内进行搅拌。把搅拌过的土放进水槽，除去在水面上的浮土，将沉淀的土与此前备好的雁皮制作的“草子”混合，接着放入“糊空木”中。糊空木是虎耳草科的乔木，将树皮剥出来的内皮泡在水中即成为糊状黏液，与土佐和纸加入的黄蜀葵有着同样的效果，在这里还有防腐的作用。

然后在竹箦上铺上麻布装入抄纸帘待用，以均等的厚度抄纸。抄好的纸要在堆石上堆放一天一夜沥掉水，堆石会每两个小时增加一个。在此基础上，将一张张未干的纸贴在干板上用毛刷刷平，纸干燥后就完成了。

名盐纸的抄纸方式是有特征的。其他产地的纸在沥水后基本上会有“纸帘痕”，而名盐纸因混入黏土后沥水较慢，会形成“溜抄痕”。由于抄纸时晃动纸帘要用很大的力量，属重体力劳动，需要坐着进行作业。

正保二年（1645）出版的俳人松江重赖[41]编的俳谐志《毛吹草》[42]中，名盐纸被介绍为“在世界上没有被隐藏的纸”。除被各地用来做藩札[43]之外，也是金箔制作过程中不可或缺的垫纸。

这种有厚度形态的金箔被称为“上澄”。纸包在金子上可以锤打几十万次，是对包金纸的基本要求，金箔垫纸的好坏影响着金箔的质量。再优秀的职人也不能用劣质的垫纸做出优质的箔片。纸表面的凹凸和不光滑是不可避免的。然而，名盐纸却没有这种不足，因而备受欢迎。因此，用名盐纸做垫纸制作的金箔在日本全国被广泛使用。江户时期的大繁荣，“名盐千轩”的抄纸艺人很多也是原因之一。

但是，到了明治时代以后，用机械可以大量生产的洋纸进入市场，近百家的抄纸职人人数锐减，失去了“名盐千轩”的称呼。至战后，剩下的约20家。屏风和袄衣等使用和纸的传统物品不再使用和纸了，致使和纸业逐渐萎缩，现在大约只剩下两家在维持生产，后继者严重不足。

入门者来自名盐内外。这20年来，没有培育新的旗手。最近儿子作为弟子进入该行是唯一的明快话题。

关于名盐纸，如今对金箔的垫纸等有着很大的需求，在文化遗产的修复中也有着较大的贡献。以桂离宫的袄衣下襟为开端，日光东照宫和金泽的兼六园[44]的壁纸、屏风绘画等也都会用到。从这样的意义出发，与名盐纸的纸抄师傅减少、对名盐纸的需求下降相比，严酷的劳动环境是影响名盐纸职人减少的最大因素。正因为如此，造纸也是培养后继者最困难的职业。

乡土之宝、日本之宝，如何流传后世？从这个意义上来讲，只能祈盼“舍我其谁”的入室弟子出现了。

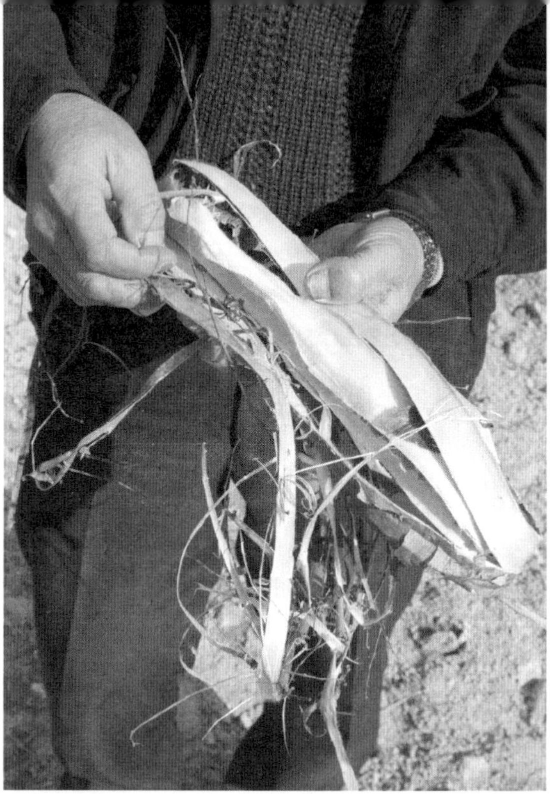

剥取雁皮树的皮。雁皮作为纸的原料是相当有名的，与楮、三桠相比，名盐和纸须渗入凝灰岩的微粒子，只能选用纤维短而细的雁皮。

雁皮树是难以人工栽培的，幸好名盐山里的六甲山自古以来就遍布着优质的野生雁皮树。过去卖雁皮会有现金收入，同业者多参与其中，竞争激烈，不知好还是不好？图为谷野先生采雁皮。

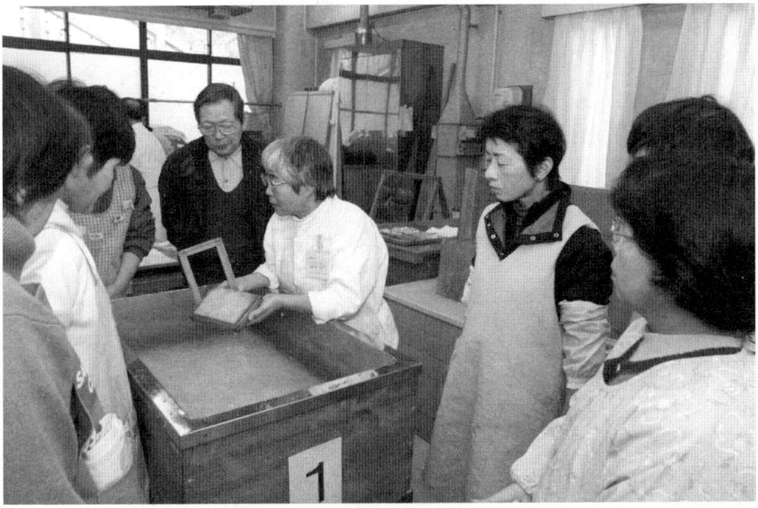

乡土传统产业爱好者在已设立的名盐和纸学习馆的一个镜头。感兴趣者众多，但如何将他们培养成后继者是件麻烦事。

名盐纸抄制时，掺有凝灰岩微粒子的纸浆像黏土般浑浊，纸帘在操作时要等待水沥下后形成“溜抄痕”，需要坐在椅子上才能负重，是重体力劳动。谷野氏说：“一天大约以百张为限吧。”

抄纸时能用井水就不使用自来水，尽量排除不能使用的东西。和纸是很细腻的，用银杏木制成的干板把沥干水的纸排列起来，在太阳底下干燥。箦什么的，抄纸使用的工具都是手工做的。

在当地，最近正在准备修整道路。谷野先生说，名盐纸是名盐的泥土和水的结晶。另一方面，又要担心“地下水会变吗？晒纸的太阳，不会受废气影响吗？”

日本人通过对“纸”的不断改良，做出了“和纸”的艺术品。东汉蔡伦完成现代“纸”的原型是在105年。来日本的僧人、高句丽的昙征第一次将“纸”传入日本是在610年。约两百年后的804年，去中国的最澄带上了筑紫产的雁皮纸。和纸不仅是传统的名品，作为日本人的拿手好戏，“不断的创意”也从中而来。

四、茅葺

——吾势子波／借庐作良须／无草者／小松下乃／草乎苅核（我狩猎的助手，临时借住寻良机。如果没有草，小松何以草伪装）[《万叶集》卷一杂歌（万葉集 巻一 雑歌）]

任何国家的人也许都是如此吧，日本人因为有土地神话，则格外看重家。“宅第”一词即放心的场所，有“心安”之意，因而拥有让他人信服的力量。

“茅葺”在英国等海外地区也有，要是与亚洲的邻国相比，中国、朝鲜的屋顶多是铺瓦。将身边的事物最大限度地利用叫作“功夫”，茅葺屋顶的诞生即由此而来。在《古事记》《日本书纪》《万叶集》等文献中有所提及，它是从相当久远的时代流传下来的。

在奈良县宝冢古坟出土的铜镜上，描绘了当时住居的屋顶是茅葺。埴轮[45]上描绘的家也有许多是茅葺，说明古代的住居与现代能看到的伊势神宫[46]的本殿有着相似的茅葺。

正如兼好法师[47]在其《徒然草》中说的那样：“家的建造应以夏季为宗旨，因为冬天在任何地方都可以住。”我想，他是一个对适应日本气候风土的屋顶发展过程有研究的人吧，一般都不会说因高温多湿而促使茅葺的发展。阿依努人的住居不仅屋顶，就连墙壁都是茅葺。就连冲绳，在现在的红墙瓦葺之前也是茅葺的屋顶和墙壁。说明在日本的国土上，以自然材料构建自己的家才是最高的“宗旨”。

在日本人的审美意识中，会最大程度地保留材料的原本之美。树木也拥有木纹之美，在合成板上也会特意做出木纹的装饰。欧美地区一般用原木建造房屋，且一定会在上面涂上油漆。两者有着审美意识上的差别。

“刈屋”，是修葺屋顶的意思，苫屋顶时，使用的草被总称为“茅草”。“萱”和“茅”被分别标明。萱本来是百合科植物的甘草（别名萱草），有“茅草”之意，时常被误用，但这种误用现在已经完全被普及了。另一方面，茅是“chi”（日语拼音），也指“茅草”，是用来修葺屋顶的代表性植物。

江户时代，城市里的居民之家是板葺屋顶（木羽葺），将未曾加工的木板铺在屋顶上，上面还压载了石头。这是在江户时代末期与瓦葺屋顶同时出现的房屋，茅葺的屋顶则是非常少见的。

恐怕像江户一样将房屋并排建设得很稠密的话，火灾时的防范就会很脆弱。茅葺屋是容易借助气势将火烧到远处去的，所以，茅葺屋不会像长屋一样呈“一字形”，而是像大院子那样包围着的富裕者房子的屋顶。

在江户时代发刊的《诸职人大番付（各职人座次）》（諸職人大番付）中，体现了茅葺职人的重要地位。不仅仅是江户时代，即便是在战后，在千叶县的船桥等处也有着众多的茅葺职人，在沿江户川河边的葛西和荒川河边都还保留着茅场。叫茅场町的地名就是那个时代遗留下来的。

最适合设立茅场町的，都是在靠近海边的地方。当时生长的植物，基本上都是葭草（初生的芦苇，能长到5米左右，是禾本科的多年生植物）。实际上，江户区春江町的名主屋敷[48]等就是用葭草来修葺的。葭草的茎是空心的，有利于排水。

根据《茅葺职人及其技术的调查报告》（茅葺職人及びその技術の調査報告，日塔和彦著，财团法人文化遗产建筑物保存技术协会）记录，至平成七年（1995），日本全国的茅葺职人为 1320 人。

其中，60 岁以上者占 88.6%。这不是一个能够让人安心的数字。从各县的人数来看，由于会津的人数较多，福岛县以 191 人占第一位；其次是岩手县，有 172 人；其后，是新潟、滋贺等。

其实，各地的茅葺技术大同小异。在会津，将农闲时期离家外出从事茅葺的职人叫作“茅手”。他们与专业的茅葺职人合起来，成为关东一带职人市场的一大势力。

用稻草或麦秸修葺的屋顶叫作秸葺屋顶。秸葺与茅葺相比，在耐用性上还有一些差距，其寿命大约是茅葺的三分之一吧。顺便说一下，茅葺屋顶大约是一代人修葺一次，平均是二十年至三十年一次吧。

过去在修葺屋顶之际，从茅葺屋顶上更换下来的细竹篾正好是围炉取暖的煤竹。以旧时日本人的“惜物”精神来看，物品在任何时候都有用，或可以再利用。

创造环境优美的家

——匠之美 4：茅葺职人　中野诚[49]

京都府南丹市美山町以“茅葺之里”为人所知。那里的茅葺

用“长板”工具在边缘前部拍齐。通常在建筑上，屋顶的边缘是雨水的集中之处，很容易损坏。做茅葺时，在屋顶接近边缘的地方会有一个缓冲，屋顶上的雨水流到此处时已趋于平缓，边缘受损的情况大为减少，这些细节也体现了先人的智慧。在大工的世界里有句话：麻雀与大工同在屋檐下哭泣（意指大工很辛苦）。屋檐是日本建筑之美最为重要的部分。对于茅葺职人来讲，要保证屋顶的曲线之美与屋檐的收束在很长时间内不会崩塌，这是需要功夫的。从职人那敏锐且坚定的眼神中，可以看出他想让后人对自己的工作做出好评。

值得庆幸的是有优秀的弟子，没有后继者不足的危险。
最后的工作需要勇气和经验，这是要用心传授的。

休息时间。与白洲次郎的爱车并排着的车库（现在围炉已不再使用，是来馆者休憩的场所）中，白洲次郎与其女婿在一起。

昭和十七年（1942），白洲夫妇在购入这座农家时旧伤发作，趁搬家之际进行了彻底的修缮。此后曾对屋顶进行过修葺，如今是第二次修葺。与白洲次郎、白洲正子出生的茅葺屋顶的家非常相似，旧白洲邸“武相庄”现已开放。（参考 http://www.buaiso.com/）

继承日本文化，可以在多个领域进行新的尝试和挑战，也可以获得奖励。因此，平成十九年（2007）设立的白洲奖，中野先生是第一届获奖者。在武相庄、白洲正子的熏陶下，恪守职人的传统一直流传于这个职业。松下幸之助在其经营中强调“思”的重要性，在恪守传统的同时，也保持“思”的习惯是非常重要的。

职人中野诚恰好观摩过旧白洲邸“武相庄”（东京都町田市鹤川）的屋顶更换修葺材料的过程。

近年来，在农村风物诗中那样的茅葺屋顶已经极为少见，中野先生为了修葺寺院、茶室等的屋顶在日本全国各地飞奔。

茅葺屋顶透气性好，夏季凉爽，下大雨时也没有多少声音，进入室内时，有着难以置信的静寂。据说茅葺屋顶的家中，插花的鲜艳持久，饼子不容易生霉菌。

芦苇能够吸附水中的磷，故能够净化河边的水质，能够固定空气中的二氧化碳而排出氧气，是优化环境的能手。与自然共生是日本人最为得意的地方，与自然共生也就是与生命共生，属于生态学最前沿的理念吧。

◇“白洲正子与职人”

夫妇是相像的，白洲次郎与白洲正子更是不可思议的相像。

白洲次郎是有名的看重“原则”的人。他不会受周围的影响，只顾着走自己的路。并且，正子也是这样极少数的不为当代高价美术品所吸引，而能够在路旁的石佛和众多的日用杂货中发现美的人。她也与白洲次郎一样，对自己觉得好的东西不会改变看法，可以说也是不被周围环境所影响而坚持“原则”的人。

他们的人生是很光辉的，就是因为我能感受到这是凛然的、不随波逐流的精神吧。这也是通往职人之路的精神。

五、金箔

金箔的历史是悠久的。在古代埃及王朝的图坦卡蒙（Tutankhamen）[50]墓的陪葬品中，除了第三棺和金面具是用纯金制作的，玉座等其他的都是采用大量金箔包裹。追溯起源，是来自古代印度的技术。

在日本，最早的金箔作品是7世纪龟虎古坟[51]壁画（星宿图）中的星星，是较早使用金箔的例子。8世纪时建造的东大寺的大佛（卢舍那佛像），是在铜上面镀金，也使用了一部分金箔。在使用镀金工艺的同时，造东大寺司（负责营造东大寺的官职）的手下有“打金箔工”，即负责锤打金箔的职人。

之后，不局限于“金箔”的、通晓全部金属的“金工”职人开始活跃起来。

作为镰仓时代重要文化遗产的《松崎天神缘起绘卷》（松崎天神縁起絵巻），描绘的是京都西八条的铜细工职人家的姐妹受到继子的欺负，向北野天神[52]祈祷而得到幸福的故事。在此，能够具体了解金工的日常生活细节，因而是贵重的史料。

鲜为人知的是，迄至战前，世界上最大的金箔生产国是日本，支撑着日本的金箔生产的是石川县金泽市[53]，实际上占现在日本全国总产量的98%。

金泽的地名，与在河里采到了沙金有关，因而与金结下了因缘。这里制作金箔的盛行，有着充分的理由。

第一，制作金箔时，使用的能够延伸的和纸，大部分是金泽众所周知的加贺奉书[54]的产地所制，川北町的中岛制作的纤维细腻的雁皮纸，也适合用作打箔纸；第二，雨和雪较多、湿度较高的环境适合于打箔；第三，由于轮岛涂和山中涂[55]生产日本有名的漆器和佛坛等，需要用到大量的金箔，形成了当地的产业链，类似的例子不胜枚举。

实际上，江户时代初期打金箔为幕府所垄断。江户与京都以外的金箔制作都被禁止，当时的加贺藩[56]继续秘密地伪造黄铜、锡与铜箔。不愧是前田百万石，幕府是什么东西啊，一点魄力都没有。

加贺藩正式从幕府得到制作金箔的许可，是以第 11 代将军德川家齐[57]的姑娘溶姬[58]嫁入前田家为契机的。当前田家迎娶溶姬时，江户的大宅正在建设中，即现在已经成为东京大学标志的“赤门”[59]所在地。

薄的金箔才能出售，在敲击的技术不成熟时，它是相当厚的。然而，在安土桃山时期，金箔的技术已经非常先进，三寸六分（约 10 厘米）见方的金箔，厚度只有 55—60 微米。现在，用机械生产的金箔有 45 微米，真是了不起的职人之技。

在电子显微镜下，能够看到金箔有很多细微的小洞。所以漆被层层地涂上去时，这些小洞隐约有漆渗出来，是极为细致的东西。

将底金叩打、延展时，用来裹着底金的是箔打纸，这是除雁皮纸外无可替代的和纸。一般的和纸材料是三桠，虽然表面光滑但缺乏耐久性，而用楮树皮制作的和纸表面不那么光滑。然而如前所述，近年来，以名盐纸为首的雁皮纸产量一直在减少，这是一个麻烦事。

女性经常使用的抽纸的起源，就是这种箔打纸。数年用于金箔打制的纸，从最初的细腻纤维经过进一步断裂后，成为经常吸取油腻皮脂的高级抽纸，叫作“原纸”。

“造物”的 DNA
——匠之美 5：金属造型师　梶田治[60]

福田金属箔粉工业株式会社，是有着 300 年以上企业历史的京都老店。

第一代俳谐师福田鞭石开始在京都室町以“井筒屋”的屋号经营金银箔粉，据不完全记录是在元禄十三年（1700），实际上还要早上数十年。

明治维新后迁都东京时，京都的老店铺都面临着是迁往东京还是留在京都的选择性问题。此时，井筒屋选择了留在京都，其接替者灵机一动将“井筒屋”的屋号改为“福田重商店”（社长是第二代的“福田重助”）。

虽然东宫御所的金箔订单很多，但预料到对金箔的需求会减少的家主，在山科建设了工场，开始使用水车的动力生产黄铜粉，这是一件有先见之明的事情。大正年间（1912—1925）来自海外的黄铜粉订单不断增加，便设立了新的贸易部，大力发展海外贸易。

还有，公司接受了当时备受欢迎的“大金条”香烟的包装订

使用高速运转的粉碎机，将金属粉末化。该社作为环境保护的先进企业，取得了环境管理ISO14001。京都工厂导入了以洁净的天然气为燃料的“热电系统”。

导电铜粉涂料是第一届“日本造物大奖”的得奖对象，是一种导电性相当高的铜粉，多在手机和手提电脑的腔体内部涂装，用来屏蔽电磁波。

凝视熔化了的鲜红铜液的梶田先生。熟知金属性质的现代职人的眼睛。

不忘初心。现在，虽然金箔都是由全自动打箔机制作的。但是，元禄十三年（1700）创业的金箔职人并没有忘自己的根。

一直在说恪守传统的职人，可听了梶田先生的话之后，发现这也是现代职人的一种存在方式。

此次被授予的“日本造物大奖”，使福田金属箔粉工业进入了历史，成为日本“造物”具有示范意义的范本。梶田先生这样的现代职人对“造物”充满热情，今后也将继续开辟新的战线，这是肯定的。（照片左起：吉武先生、山本先生、梶田先生、井上先生）

购，其用的也是锡箔。昭和六年（1931），锡箔工厂的建设整合了增产体制，昭和十一年（1936），日本国内最早运用电解法生产铜粉的试验成功。此后，电解锡粉、镍粉都试验成功，走在了时代的最前列。昭和十五年（1940）公司名改为现在的福田金属箔粉工业。

从这个公司名里，可以看出他们在继承金箔职人的传统的同时，又确立了在金箔粉工业领域里前端地位的企业自信。

现在，无论是电视机、手机还是手提电脑的基本零件的印刷电路，都会用上该公司的铜箔。手机若是折叠式的，如果是普通的铜线，反复几次开合后就会断线。但如果使用这一公司制作的可压延的铜箔，就可以放心了。

采访时，福田健会长拜访了林泰彦社长。从两人的对话中可以感受到，虽然生产的方式发生了变化，但“造物精神”仍在绵绵悠长地存续着，让人觉得非常心安。

能够巧妙捕捉时代的变化，并发展成为现代最先进企业的福田金属箔粉工业，经过大家的努力已经结出了果实。平成十七年（2005），包括梶田治在内的团队获得了第一届的“日本造物大奖”。

六、和式蜡烛

公元前3世纪的伊特鲁里亚（Etruria，处于现代意大利中部的古代城邦国家）遗址中出土了绘有烛台的画，已经证明那个时代已有蜡烛存在，在同一时期的中国遗址中也有烛台出土。

蜡字是虫字偏旁，不用问是舶来品。最初制作的是以蜜蜂的巢板为原料的蜜蜡蜡烛。在欧洲以外的地方，也有以野兽的脂肪为原料生产的蜡烛。

其中，用抹香鲸的脑油制作的蜡烛被认为是高级品，于是捕鲸盛行。赫尔曼·梅尔维尔（Herman Melville）[61]的小说《白鲸》（*Moby Dick*）讲述的是捕鲸船的船长与传说中的白鲸进行殊死搏斗的故事，非常有名。将约翰万次郎[62]救出的船也是捕鲸船。也有一说法，黑船[63]来日本强迫其开国，也想要获得捕鲸时的补给、薪资基地等。

在日本，最早的蜡烛出现在奈良时代，是随着佛教的传入从中国大陆传入的。这也是如前所述的蜜蜡蜡烛。

但到了平安时期，随着遣唐使的废止，与中国的往来也被中止，蜡烛开始国产化。如今已不再是蜜蜡蜡烛，而是将松脂固化制作的松脂蜡烛。然而，室町时代以降，在野漆树和漆树的果实外壳上榨出油脂作为木蜡，以此为基础来制作和式蜡烛。在地方上还有种种方法，有的地方从米糠中分离出油脂制作成糠蜡烛。

在日本，蜡烛多是放入提灯中使用的。蜡的多少会使火苗发生变化，上边会做得粗一些。与使用模具批量生产的西洋蜡烛不同（和式蜡烛也有那样的制作方法），和式蜡烛多采用将熔化的蜡液层层裹在灯芯上的“生打”手法。

如前所述，漆在英语中被表述为Japan，实际上野漆树也被叫作“Japan wax”，欧美人都知道这是日本独有的事物。

过去，蜡烛与油，在夜晚是必需品。

古代的人们也许不是太阳下山就睡觉吧，江户时代的生活节奏与现代人们的相比，基本上没有太大的变化。在江户时代的时刻数法是“黎明六”、日落后“黑暗六”，其间分为六等分，根据季节的不同与现在的时刻有若干差异。不过，一般的人们在四个半左右（下午 10 点左右）就寝，过六个半左右（上午 7 点前后）起床，开始一天的生活。

夜间照明，最明亮的非蜡烛莫属，特别是在高处时。百目蜡烛一支重百钱（约 375 克），是一种大型蜡烛，它的价格大约是木匠一天工钱的一半，如今一支大约是 5000 日元。

因此，一般平民用行灯就好。放在碟里的灯芯将油吸上来，然后在其灯芯头上用火点亮，不过其亮度不到蜡烛的一半。现在也就是一至二瓦特的亮度而已。因为菜油高价，贫穷的家庭于是就买沙丁鱼等做成的鱼油（价格大约是菜籽油的半价），这是一种非常臭的物品。

如此高价的蜡烛，流下的蜡也不能浪费。“流下的蜡烛液买卖”，这在江户时代作为一种良好的买卖而成立。

说句多余的话，江户时代的再利用是今天无法比拟的。当时的厕所不是水洗的，是贮粪池，这些重要的肥料能得到利用。大商家与农民签订了年度契约，可以用粪尿换到现金和蔬菜等，对于农民来说，是一份可观的收入。滑稽的是，粪肥是有等级的，依大名屋敷、武家、町人的顺序进行买卖。因为人们吃的东西不同，粪尿的营养价值也就不一样，由此决定了作物的收成。听起来像是在开玩笑，却是事实。

走向海外的和式蜡烛

话题继续回到蜡烛。

一听到蜡烛就联想到迈克尔·法拉第（Michael Faraday）[64]《蜡烛的化学史》（*Chemical History of Candle*）的人，想必从儿童时代开始就相当喜欢理科吧。这本书是世界上有名的科学入门书。

作为出生在伦敦贫民区打铁铺的孩子，法拉第经苦学创造了令世界瞠目的种种发明。不久，功成名就的他想给孩子们介绍物理和化学等身边简单易懂的科学知识。在 1861 年的圣诞节休假期间，曾连续 6 周向入门者开设讲座，前来听取作为著名学者的他的演讲的王公贵族也有许多，此时的演讲就是《蜡烛的化学史》一书的起始。

法拉第在演讲时，提到的当然是在英国流通的蜡烛，那是俄国产的牛脂蜡烛，同时他也介绍了日本产的和式蜡烛。

在日本没有开港之前，不用说当时的英国是世界上最强的国家。那个国家有当代一流的科学家，以和式蜡烛为题材进行关于物理的、化学的说明，是一件多么令人兴奋的事啊。其时，他手上的和式蜡烛，是描绘有装饰图案的漂亮物品，是特意按照外国人喜欢的样式做的出口物品吧。

在当时的欧洲，有个叫弗朗索瓦·阿米·阿尔冈（François

Pierre Aimé Argand）[65]的瑞士学者，因致力开发阿尔冈灯而出名，空气可以从外面进入阿尔冈灯的芯管。法拉第解说，这是模仿了和式蜡烛芯中空的部分。实际上，和式蜡烛的核心中空部分不是为了那样的作用，而是在制造过程中产生的……

另一方面，我是文科出身，一听到蜡烛，就会联想到小川未明[66]《红蜡烛和人鱼》（赤い蝋燭と人魚）的救赎，而没有想到黑暗童话。一般情况下，蜡烛都是白色的，如今在京都和兵库等地还在制作朱红色的蜡烛。

近年来，和式蜡烛的职人在逐渐减少。以石油副产品的石蜡为主的西洋蜡烛是廉价物品，这是造成和式蜡烛职人减少的最大原因。和式蜡烛与西洋蜡烛相比油烟更少，这是有利的，但在价格上就没有胜算了。我为孩子住处停电而准备了蜡烛，如今已被应急灯所取代。终于，需要蜡烛的只剩下了佛坛，而现代家庭有佛坛的少之又少。

这样的状况，在日本全国制贩和式蜡烛的店现只有 20 家左右。在会津、兵库西宫[67]、京都、越后[68]、能登七尾[69]、鹤冈[70]、冈崎[71]、越前、近江今津[72]、伊予内子[73]等地，至今都仍在制作地方的名产品。

在京都，很多寺庙对蜡烛的需求量很大，与之相应，会津制作蜡烛的历史也很长。古时，就连会津涂使用的漆树也能够用来制作“漆蜡烛”。

因为野漆树是漆树科漆树属，与漆树是亲戚关系。漆蜡烛在日本关东以北较多，木蜡蜡烛在九州和近畿地方比较多。为做漆器而种植的漆树被舍弃而不使用的结果，便产生了漆蜡烛吧。

有舍弃的神就有拾起的神，蜡烛温柔的亮光，近年来在某些地方被重新审视。

比如人所共知的岸信介[74]、佐藤荣作[75]两位首相，是从天照皇大神宫教[76]总部所在地山口县熊毛郡田布施町走出来的，这里也开始用漆树制作和式蜡烛。原本在江户时代，藩主毛利家曾根据产业振兴对策推进“防长四白”[77]，在藩内土地上以一日元种植的漆树，现在也成了合抱的漆树古木，作为历史的“见证人”而耸立。

在每年的八月要举办“田布施的蜡烛节”，在田布施川的河面上，无数的烛光摇曳，那神秘、温暖的情景，为人们的爱乡之心点燃了一盏又一盏的灯。

柔和的优雅之光
——匠之美 6：和蜡烛职人　古川五郎[78]

古川五郎在彦根[79]的和式蜡烛屋——蜡喜商店已是第 4 代了。评论说古川先生制作的蜡芯很难熔开，其芯四周的热蜡是手工做出来的。这是一个熟练技术的手艺世界。

彦根曾经有 53 间蜡烛屋，“彦根蜡烛”曾是井伊家藩主向将军贡奉的上品，如今彦根蜡烛的职人只有 82 岁的古川先生一人了。由于无后继者，传承了 150 年的传统技艺岌岌可危，这一优雅的光来日不多，但愿不要中断。

在作坊的古川先生。开始要在灯芯的前端挂上蜡进行“封口”作业，接着整理芯的竹串和竹棒，这叫“上芯”。
正如照片所示，左手转动着蜡芯，开始了多次重复的“下挂”工作。蜡的温度约 45℃。一看就是有温度的，在此能看到熟练的技艺。
右手来回转动的同时，左手继续涂蜡。由于蜡会凝固，所以在作业时要反复进行，持续几个小时。冬天不能开窗，防止蜡凝固，要在小房间内持续工作数个小时。
“下挂”工序结束后，就可以开始整个形体上涂白蜡的“上挂”工序。经过拨串，用刀修整两端的芯，再切出底部（底切），至此，蜡烛本体就算完成了。之后，就是进行装饰了。

因彦根蜡烛的兴起，古川先生建设了“梦京桥光馆”。在“梦京桥光馆”里，他手持自己制作的蜡烛。

由于有“光照一隅”的话语，这样一支蜡烛照亮了哪里，哪里的人就会有安乐。

与家后面的漆树合影。这个漆树的果实系用药泡了以后蒸一下，经压榨后成为和式蜡烛的原料。
野漆的学名是琉球漆，是从琉球传播过来而命名的。野漆与漆一样面临着众多问题。它们作为材料而被使用，显现了先人的智慧，必须向他们致敬。

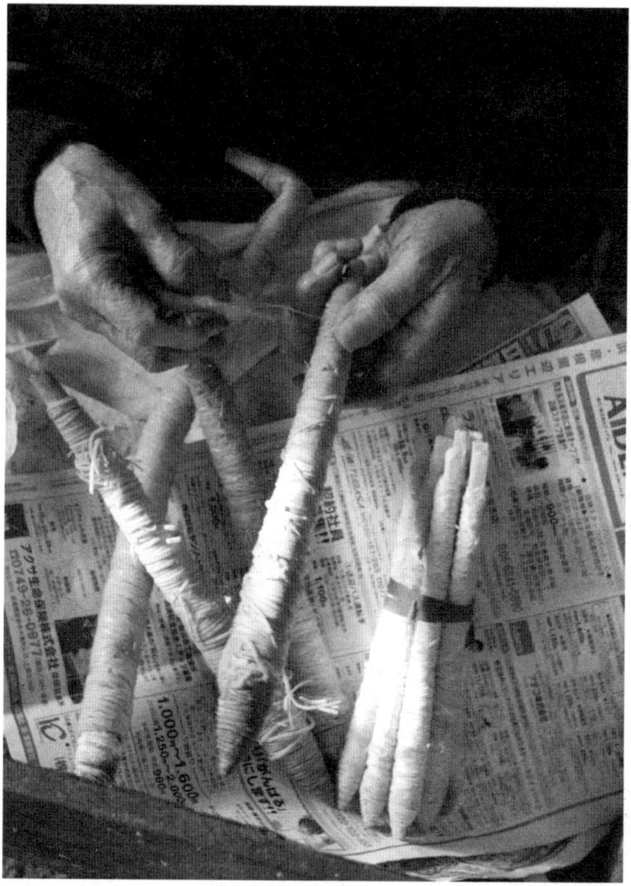

长长的竹串上卷着和纸，其中还有灯芯草，在上面再用棉花卷一下，这大概就是完成彦根蜡烛芯的工序。
超越了时间的职人们踏实、努力与坚持，造就了彦根蜡烛多重芯的复杂构造。这也是其长期保存的秘诀。

和式蜡烛的光无比柔和。与用兽脂和抹香鲸的脑油等制作的欧美蜡烛不同，用自然植物所制作的和式蜡烛，其柔和的光很适合我们这个造物之国。古川先生还表示：会继续地努力下去。

◇“光照一隅”

人的努力是有界限的，所谓天赋指的就是这个。职人的世界也同样如此吧。

但是，周到又细心的职人的工作，总有着感动人心的力量。即使不华丽，诚实的工作也会让人感动。如果照亮自己的内心，世界也一定变得明亮。职人所做的就是这样的工作。

七、织物

“织”字是“麻”字的动词活用[80]。在从中国传入养蚕技术之前，日本主要是以麻作为衣物的材料。丝织物是从中国传来的技术，绫的语源来自“汉”。

人们不细心的话，就不能织造出结实而美丽的织物。平织的丝织物叫“铭仙”，向前追溯的话，可以追溯到“目千”[81]。

织造织物，实际上是需要体力和耐力的。就连在民间故事的世界里，劳动女性都是在织机上勤勉地工作着，这是因为能够得到现金收入。纺成的线到卷在“工”字形的工具上，线卡子在不停地来回旋转，“赚钱”这个词由此而来。

想打扮漂亮恐怕是女性的本能吧。进入近代，人们的生活是丰富的，女性穿着的织物也是华丽的。

江户时代初期，出现了把金箔、银箔装饰在衣服上的折箔工艺，能够制作出非常华丽的小袖[82]，幕府认为太奢侈、过于伤风败俗而将它禁止了。于是，这次又出现了不用金箔的多彩染色技术的职人。其中就有对扇面画师宫崎的友禅小袖纹样的好评，这是友禅染[83]的开始。

对于职人来讲，一旦有困难便会点燃其挑战的欲望。友禅染就是一个例子，与织造本身有关。在织造本身方面，不用等到丰田佐吉[84]的自动织机，从江户时代开始就做起了各种各样的努力。

桐生（现在的群马县桐柏生市）将西阵的技术引进而成为一大织物产地。天明三年（1783），岩濑吉兵卫[85]发明了水力八丁车（使用水车捻线的机械），由此可见手工业的原点。

诚实与人情

——匠之美 7：黄八丈[86]　伊势崎嘉代美

与岛名来由一致的黄八丈，是八丈岛的特产。

“缟”字，是从南岛传来的“岛物”，这种织物的纹样非常漂亮。而如此说，八丈岛正是其语源的有力补充。

所谓八丈，是丝织物一匹的长度为八丈（约 26 米）。由黄、灰、黑三色系构成，全部采用植物染，而决不使用化学染料。如同对八丈岛蔚蓝的天空和强烈的阳光的自然抄录似的，真是鲜明的颜色。

享保十二年（1727）发生的“白子屋熊”[87]事件之后，“白子屋”的销售额一直停滞。说起这个事件，人们将其称为“大冈审判”[88]，这确实是少见的大冈忠相[89]审判的史料。事件概略如下。

江户的木材商铺“白子屋”，店主有一个美丽而任性的女儿叫熊。经营不佳的“白子屋”，迎来了资本家的儿子又四郎，女婿带钱入赘养老。熊渐渐对节约而认真的又四郎不够满意，她与二掌柜的忠七有了外遇。其中，令人惊讶的是熊企图与母亲共谋，利用女仆菊杀死又四郎，但是失败了。感到了生命危险的又四郎去奉行所[90]诉说，因此这个恶性事件被曝光。

最后的判决，熊被判游街后处死，其母亲被判处流放海岛，手代忠七被判处斩首示众，下女菊被判处死刑。见异思迁的帮手女仆久也在游街示众后被判处死罪，“白子屋”的财产被没收，庄三郎（熊的父亲）也被逐出江户，得到了非常严厉的惩罚。又四郎是无罪的，当然不会受到惩罚，这件事在江户时代中期成为传言的事实是无可置疑的。

问题在于，主犯熊被绑在马上进行游街时，在白色无垢的上衣上套了一件黄八丈的小袖。江户的女子对流行是敏感的，对此的反应很快。所有的人都穿上了黄八丈的外衣，带来了很多麻烦。

但这是后话。这样的传说应该是歌舞伎等的极佳题材，“白子屋熊”的事件在冷落了48年后，安永四年（1775）才为人形净琉璃[91]《恋娘昔八丈》表现，翌年在中村座作为歌舞伎上演。此时，跑龙套（在这种场合，不能使用与熊有关的姓名）的濑川菊之丞[92]穿着黄八丈，牵着马到表演的地方。于是，这次随意之举使大家都争先恐后地穿起黄八丈来，引起了一大波追逐黄八丈的高潮。

本来是黄色，现在是敏感的颜色。幕府末年，福泽谕吉在母亲葬礼时，临时穿的是黄八丈，当时起到的是正式服装的作用。

如今黄八丈的人气仍未衰落，持续着生产和追加订货的状态。

我有生以来第一次切实拜见了手织，也受伊势崎先生的热情、人品的影响，仿佛袭击式地进入了民间故事的世界，令人怀念“织”的行为的诚实与人情味。不知为什么比过去更喜欢和服了。

◇“日本制造，是劣质品的代名词？”

日本战败两年后的昭和二十二年（1947）八月，驻日盟军总司令（又称盟军最高司令部，GHQ）再度开放民间贸易的许可，日用杂货和陶瓷器、衣料、玩具等开始输出。暂且，当时的“日本制造”（Made in Japan）就是“一分价钱一分货”的代名词。

起初想要脱贫，于是在最初粗制滥造。战败的冲击过大，在当时的日本人中有很多失去了“骄傲”的人。能够做出很好的东西，并不是因为手很灵巧，而是因为“决不妥协”的职人志向。

当然，“日本制造”也并非全部都是劣质品。职人技术很快就得以复兴，而且没过多久，日本的优秀产品就席卷了世界。

在明亮阳光的照耀下，黄八丈的织手伊势崎先生，不仅两手，两脚也用上了，所以 79 岁的她现在腰腿也好好的。

伊势崎先生擅长在菱形中凸起圆眼睛的“整目织”，黄八丈的种类大约 500 种。线断了就糟蹋了，因此，工作都是在紧张的状态中持续着。

与住在附近的染色职人西條吉广先生在一起。没有看到彩色八丈是很遗憾的，那有光泽的鲜艳的色调实在很出色。其中西條先生改良的，也包含着富有光泽的黑八丈。黄八丈的情况是，织的人和染的人很少，是件头痛的事。

西條先生染的线，是人工染色的，用来织造黄八丈。对此一无所知的我，远看更加看不出差别。祈祷一定要让“真正”的黄八丈能够有所保留。

以八丈岛特有的“玉石垣”为背景，穿着自己织造的黄八丈的伊势崎先生。从其笑脸可以看出，技术职人“严谨”之外的“欢乐”。

任何一个职人都会有这般笑容，因为他们从未见过满员电车上满脸疲惫的人脸。“造物”是人类根深蒂固的本能，本来就伴随着“快乐”。

儿媳妇和孙媳妇是从其他县嫁到八丈岛的，在伊势崎先生的教导下，如今已经能够织出漂亮的布料来。看着三人谈笑的情形，黄八丈还是很强大的。

八、佛像与修复

佛像，是从朝鲜半岛的百济[93]传来的。东亚大陆的佛像多以金、铜铸造或塑造为主，而日本的佛像则以木雕和干漆造型为多，从而形成了日本独特的风格特征。

欧洲与中国是石文化，日本是木与纸的文化。外国人非常珍惜利用自然材料而制作的器物，传教士弗洛伊斯就完全被日本竹工艺的精巧所征服。

日本的职人都是肯下功夫的人。大陆国家使用的木材几乎都是原初的形态，而日本大都是使用经过打磨的棱形木材，其中有八角形的，就连十六角形的也有。如果使用的木材未经打磨，并不是为了省力，而是原本就无须打磨。想想寿司和生鱼片就知道了吧。（制作寿司，要花费很多时间……）

树木看上去似乎是取之不尽的，但它们长成参天大树，是需要花费几百年时间的。与在细心打理过的环境中成长的树不同，在贫瘠而又无光照的严酷环境中成长的树，它们的年轮会十分密集。考虑到这样的环境，好的树木就更少了。天平时代的 752 年（天平胜宝四年）创建的东大寺的大佛殿，用了 84 根直径超过 1 米、长 30 米的巨大柱子。(《宫大工——千年的智慧》)

作为台风、地震、火灾事故发生较多的国家，就连家也不会超过 3 代人住。正如“家的建设应该在夏天进行”那样，采用透气性好的木材和纸吧。

相对于石文化，木与纸的文化不能持久。以此为前提，也不能一概而论吧，如世界上最古老的木构建筑法隆寺。我们有修复技术，读了维护法隆寺的木工西冈常一先生的书就知道。作为名匠的西冈先生，他本身的技术是很棒的，也对古代名匠的睿智充满了敬意。要修复那样的高技术作品，作为职人，实际上心理承受能力是较强的。

由于七号台风，附近有着650年树龄的大杉木都被吹倒了。在平成十年（1998）9月22日的白天过后，室生寺[94]的五重塔西北侧几乎从上到下都遭到了破坏。传说在1200年前，五重塔是弘法大师[95]在一夜之间建成的，但这是不可能的。这个塔被修得很漂亮，是日本最小的屋外塔，至今仍备受人们的喜爱。

我以前曾用司亮一的笔名写过一本书《男爵·九鬼隆一》，其间曾对明治时期的美术行政有所接触。明治三十一年（1898），作为九鬼隆一的左右臂的冈仓天心创办了美术院。在快速欧化主义的反动引发的废佛毁释运动的伤痕还无法愈合时，九鬼和冈仓天心又开展了对日本画复兴和古美术作品重新评价的活动。

晚年的冈仓天心因肾病而多卧床休息，但他的热情并没有消退。大正二年（1913）八月，在医生命其必须绝对安静休养时，他为了出席古社寺保存会的会议，冒着酷暑去了东京。

此时冈仓天心特别留心的是，法隆寺金堂壁画的保存运动。带着沉思的表情，连续三天去到九鬼隆一的宅邸，拼命诉说着其必要性。九鬼隆一后来才得知，这是冈仓天心的遗言。

古社寺保存会的会议当天，病情恶化的冈仓天心在会议过程中内出血，在周围的人不知情的情况下，忍着剧疼在这里提出了

《关于法隆寺金堂壁画的保存计划的建议》（法隆寺金堂壁画の保存计画に関する建議案），与会的各方面对这个提案表示一致赞成，九鬼隆一会长表示要向文部省大臣提出申请。这一天，从日本画家桥本雅邦常住的地方回到了家的冈仓天心，倒在了玄关边。一个月后的9月2日冈仓天心逝世。

他用文字和行动拼命保护的法隆寺金堂壁画，很可惜于昭和二十四年（1949）一月在修复中因失火被烧毁。对此，九泉之下的冈仓天心应该有所遗恨吧。虽然花时间做了大量的工作和劳务，也会用心去修复，但也有失去了的悲哀，保护现在的国宝是我们的义务。

学习先人的智慧

——匠之美8：文物修复　愡司富士夫

愡司富士夫先生在京都国立博物馆内设的作坊式的美术院国宝修复所工作，每天专心致力于佛像修复。美术院国宝修复所的前身是明治三十一年冈仓天心创办的“日本美术院”的国宝修复部门，平成十二年（2000）奈良国立博物馆内开办了文化遗产保存修复所。

冈仓天心是某种天才。他敏锐的一点是，发现美术品的修复技术不是一朝一夕就能掌握的，进而他开始有组织地培养专业人士。他死后，冈仓天心的弟子、修复佛像的第一人新纳忠之介继承了他的遗志。

修复文化遗产，是对前人智慧的学习，向他们致敬。同时，也是一份把优秀的文化遗产流传到后世值得骄傲的工作。惣司先生似乎被平安、镰仓时期的佛像匠师的手艺附体一般。拍照片时（平成十九年），他 49 岁。两个儿子在自卫队服务。父亲守卫传统，儿子保卫国家。

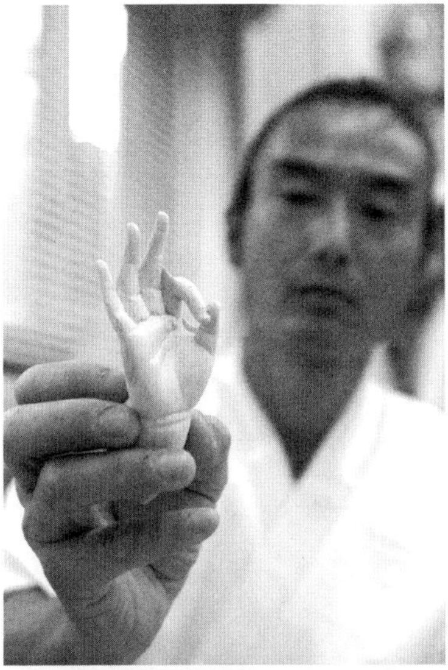

镰仓佛像是用江户时代的手法制作的，当时的技术水平比现在要低。进行修复者曾接受过传统教育，这是值得感激的。自尊心较强的文化继承者也是谦虚的人。

如果用与当时同样的技法修复是不可能的。他对雕刻刀具的要求很高，也有30多年的技术，超越时空与镰仓时代的佛像手艺进行对话。

美术院国宝修复所所修复的，基本上都是被指定为国宝、重要文化遗产的木雕（佛像、神像等）等物，美术院本身是民间团体，其作坊在京都国立博物馆中。国宝的修复不是以营利为目的的，因而陷入困境，过去的历史也有过这样的状态。

这是代代相传的修复技法中的“木雕修复”技术，是根据《文化遗产保护法》而定的“选定保存技术”的第一号。修复佛像之前面对的难题是，既要修理又要维持现状，以恢复最初的状态为目标，需要考虑二择一的关键点。最近，关于建筑物要回到建设之初的形态的动议多了起来。佛像是微妙的。通过原本的颜色，我们看到亲切的古色古香的佛像，而一旦染上鲜艳的颜色，就不那么可贵了。

相对那种微妙的问题，可以去体会那个时代制作佛像的手艺，如今惣司先生也是专心致力于佛像的修复。

九、人形

人形在平安时代读作“ひとがた”，有着巫术的色彩。在人形的解说书中经常写道，“流雏”是继承“人形”而来的。孩子与人形一起玩耍，那是人类最本质的东西，正如父母对孩子的珍视一般，是DNA里本来就有的。他们没有对“人形”直呼其名，而是赋予它们某种亲昵的名字，那是因为“人形”是他们身边很熟悉的存在。

日本制作的人形有很多种类。在某些情况下，东北地区那种圆头圆身的小木偶人也算是人形的一种。日本人形的历史，最早的是公元前的土偶。其后，4 世纪到 6 世纪的古坟时代[96]制作的埴轮。飞鸟时代以后，大陆文化影响到佛像的造型。早期的人形，多数是佛像制作者顺便制作的玩具。

首先，还是从人形娃娃说起，那个始祖“笑嘻嘻的”，这一古语叫素朴的人形，是“小可爱”的意思。18 世纪中叶（江户时代）的国学家度会直方在他的《雏游记》（雛遊の記）中写道，“女儿节的活动是从神话时代流传下来的祭祀活动，这不是一件可以敷衍的事情”，这带有某种巫术色彩。

江户时代以后，除了这样的雏人形之外，还诞生了用于观赏、玩耍的人形，现在仍然如此。人形在节日陈设中的位置是重要的，明治六年（1873）颁布了五节句的废除令，因而导致需求剧减。

进入昭和时代，对创造人形的关心陡然高涨，成立了美术人形的制作研究会“白泽会”（1928—1935）。昭和十一年（1936），美术工艺部门首次选出了六位人形作家的作品参加改组后的第一届帝国美术院展览。人形不再单纯是玩赏的物品，也作为一种艺术作品得到认可，这是划时代的进步。

人形作家也能够入选人间国宝。人间国宝诞生时，第一批的认定者中，就有平田乡阳[97]和堀柳女[98]的名字。

平田的父亲是德川末年、明治时期有名的“活人形”师，平田较多地受到父亲的影响，以写实的风格名噪一时。白泽会成立时，平田也加入其中。

而堀柳女同时学习日本画与西洋画，特别是受其西洋画老师竹久梦二[99]的影响较大。其带来了传统人形制作与一线绘画的崭新风格。

在京都，作为人形的寺院而出名的是宝镜寺，这是一座14世纪开山的名刹，不仅藏有珍贵的人形，还有受损严重的人形。为此，每天要进行"人形供养"的仪式。其境内的人形塚，上面刻有武者小路实笃[100]的诗：

人形哟
是谁制作
为谁所爱
不知道哦
只有爱的事实才是你成佛的诚意

确实，在看人形时，可以感觉到它们是有灵魂的，这也是对自然的供养吧。

传统中的个性
——匠之美9：博多人形[101] 川崎幸子

博多人形的起源距今约400年，在福冈藩的藩主会黑田长政[102]的时代，瓦匠正木宗七[103]用烧瓦片的粘土制作了人形。

博多人形师川崎幸子先生，如今从其亡父川崎虎雄先生手中接过手艺，其弟川崎修一先生也是人形师，这就是博多人形的一家。

幸子先生擅长制作展开裳裾的万叶美人，从其作品中，可以感受到凛然高贵、优雅的气质。这些作品都对当时进行了严密的考证，最大程度地还原了那个时代女性的心理。

幸子先生 25 岁时，虎雄先生去世，他生前说过，“做你喜欢的吧。如果我插手了，它就不是你的人形了。”父亲就这样温柔地守护着幸子。

博多人形在传统上承载着人形师的个性，现今依然在不断地魅惑我们日本人的心。

◇“用猛犸象牙做印鉴”

职人的技术，往往是针对贵重的生物材料所产生的，如象牙雕刻的手艺人和玳瑁工艺手艺人等这样的例子。这些领域受华盛顿条约保护稀有动物的影响，材料变得困难，不得已而衰退。

玳瑁是指海龟的甲壳，这一词语在奈良时代就已经被使用了，将其叫作鳖甲壳则是江户时期的事。幕府因玳瑁工艺品华美而被禁止时，推脱之辞有“不，这是鳖甲壳（其实是玳瑁）”的说法。按照现在的条例，就不可再谎称为“鳖甲壳”。

即便是那样，最近象牙的进口也遭到了严格的限制。因此，开始使用西伯利亚出土的猛犸象牙制作印鉴，这是令人惊讶的。

正中是获内阁总理大臣奖的“卑弥呼”，如此强势的女性如同稚气未脱的女孩儿。制作人形的题材实在是太广了。

幸子先生曾想过制作《万叶集》歌中所描绘的人形，但她也笑着说：“那也很难吧。”

博多人形的最大魅力，是白色素烧质地的细腻之美，制作这素胚的正是这片土地上出产的黏土。在明治时期，博多人形曾参加巴黎万国博览会，得到了较高的评价。此后，开始向海外出口。

用石膏模具制作的人形坯胎，在室内烧成白色。窑内最高温度要达到950℃。

川崎先生每年都会去看奈良国立博物馆的正仓院展，每次都有新的发现。这样的发现所带来的感动，通过她的双手赋予其生命。看到的人也深受感动。

在高达 10 米的博多祇园祭山笠进行装饰，博多人形师紧握双手。平成十九年七月，川崎先生站在在弟弟川崎修一先生亲自动手修建的六番山笠“优美源氏红叶贺”前。父亲虎雄先生想必也一定会从天国护佑两位守护者吧。

十、日本刀

“日本刀”，原是来自海外的称呼。

中国北宋诗人欧阳修的长诗《日本刀歌》中，描绘了中国福建商人入手一把日本刀，对刀之美赞不绝口的故事。在当时的中国，日本刀的价格很高。佩戴刀剑能够避开凶事，因而受到人们的珍重。当时的中国人也对刃纹的美感有所追求，日本刀似乎是神秘的东西一样。

追溯历史，日本在古坟时代就能制作铁制的刀剑，如埼玉县行田市的稻荷山古坟和岛根县安来市的造山古坟，从中出土了铁剑和大刀。其中从稻荷山古坟出土的错金铭铁剑，是雄略天皇的佩剑，其作者于471年在其上刻了115个汉字，记述了做刀的由来，受到了世人的瞩目。

区别于这些出土物品，七八世纪的刀剑（上古剑）也有未入土而传世至今的，如大阪四天王寺[104]视为寺宝的“丙子椒林剑”和“七星剑”，相传是圣德太子的佩剑，是国宝。这样的上古剑跨越了1300多年的时空而以原来的样式流传至今，是一个民族的骄傲。

除此之外，现存的传说中的名剑有很多。如《名物童子切安纲》（名物童子切安綱，天下五剑之一，东京国立博物馆藏），源赖光[105]打退酒吞童子时，用的就是这把名刀。足利将军家将这把名刀从丰臣秀吉、德川家康传给德川秀忠[106]，后来到松平忠直[107]之手后，由于其发疯传到了中津藩松平家。战争结束后，由国家收购。天下五剑之一，不用说一定是国宝。

《御物鬼丸国纲》（御物鬼丸国綱，国宝级的名刀）是粟田口国纲[108]的作品，在《太平记》（太平記）里，北条时赖[109]就是用这把刀驱除了梦里的鬼怪。此后，通过新田义贞[110]之手，这把名刀也成了足利家的物品。这把名刀是由足利义昭[111]传给织田信长后，再传给丰臣秀吉的。丰臣秀吉要本阿弥光德[112]"收养"鬼丸国纲。之后几度流离，最终又回到了本阿弥家。这把刀现在为宫内厅所藏（御物），这也是天下五剑之一。顺便说一下，即使宝物是怎样的名作，也要由国家来指定为国宝以及重要文化遗产等。

刀时常会生锈的，不擦油就生锈了。这些刀能够流传至今，是以前的人把刀视为至宝的重要证据。

制作日本刀的职人被叫作锻造刀的刀匠，实际上"锻造刀"的"锻造"二字，本来是金打的"かぬち"（锻造部），进一步转为"かぢ"（加地），另一方面说明刀刃是加热后锻造的。

提起锻刀，工作场所四处布满了注连绳，那戴着乌帽子、穿着袍子制作的身姿，就像是在祭神。

日本人是"感觉"丰富的民族，现在也对山的优美姿态和巨大的岩石（磐座）怀有畏惧之念，在山上能看到很多自然崇拜的痕迹。我们的祖先对自然的海与山怀有深深的敬意，他们对用火制作的刀剑等物感到不可思议的神圣。

可是，日本刀作为武器的作用已经没有了。

明治九年（1876），除警察、军人以外禁止带刀的废刀令颁布，与制作日本刀有关的职人急剧减少。尽管如此，从平成十九年（2007）至今，全国只剩下约350名刀匠，持刀的精神性、美的姿态，对现在日本人的吸引，是不会停止的。

最后顺带说明一下，研师在研究日本刀的基础工作中是不可或缺的存在。研师的的技术水平越高，制作出的刀就会越锋利，也会出现美丽的刃纹。

今天从东京神田区须田町一丁目到司町二丁目，其总町名是神田佐柄木町。町名因服务于幕府的御用研师头领佐柄木弥太郎的事务所在此而得名。研究刀的达人佐柄木住在静冈，幕府看中了佐柄木的手艺，让其从静冈搬迁到江户，可见研师的社会地位之高。

超越时空之美

——匠之美10：刀匠　河内国平

日本美术刀剑保存协会确定的最高称号“免检”，自平成十九年到现在已经授予了16名刀匠，河内先生是其中的一位。

夏天在暑气蒸人的锻冶屋中是很辛苦的。另一方面，冬天的染坊像冰窖一样。这些现状为“染坊和冶铁匠有三年忍耐的话，能出人头地”这样的说法作了注解。我为取材而采访时，正好是八月的大暑日，那里的刀匠看上去像快要中暑了，那是很严酷的工作环境。

日本刀以世界上无与伦比的高科技刀而为人所知。碳量少的

刀匠河内守国助先生是跟随父亲、人间国宝宫入行平先生入门的。30岁独立，在奈良县吉野的山中设冶炼场。附近的三轮山曾经产出铁砂，能够看到奈良时期的打铁工场的遗址。山间的空气，清澈的水，在遇到火以后，共铸了这样的灵魂。

随着尖锐的呐喊声一起挥大锤，最初的一击导致水蒸气发生爆炸，震耳欲聋般的声音。那杂质被震出铁的外面。因为溅出了猛烈的火花，河内的手臂有了烧伤的痕迹。每年都有弟子入门，“去年是四人进，后来四个人都辞职了”，这是一份艰难的工作。

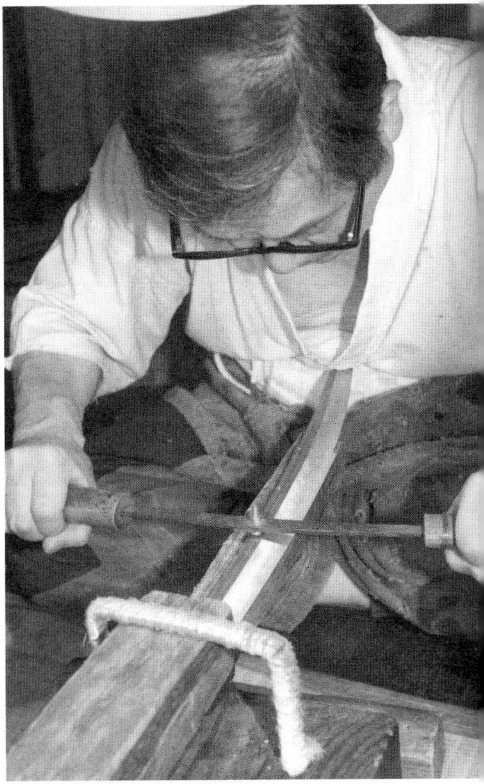

有“流槽”形状的刀身在“槽”等处的装饰雕刻。过程中工序很多，一个月只能做两把。刀工的灵魂好像注入了刀内，进而成为“避邪之剑”，守护着持有者。据说对女儿出嫁时用的“守刀”的需求也于最近增加了。

软铁被含碳量多的硬铁包在其中，这样的二重构造在量轻的同时，也达到了刀不易折断的目的。同时，二重构造能让“刀纹”显现出来，刀本身就成了可鉴赏的美术品，这便创造出了世界上罕有的刀剑。

时至今日，名刀的样式也有留存。因此，可以有很多线索。留存的名匠的精品，超越了时空，激励着人们不断进步。每次看其中有着盛誉的“正宗”名刀等，都会有新的发现。

最近所有的博物馆，无论对方是人间国宝的刀匠，还是免检人士，都不给他们看馆藏的“刀具”（实际上也不仅限于刀）。收藏成死藏就没有意义了。我们没有要求博物馆向所有人公开展示，但为了把这种技艺传承下去，至少应该以特定的方式向特定的人公开展示。

◇“坚持就是胜利”

“坚持就是胜利”作为鼓励考生的话是出了名的，这句话在职人的修行期间也是必要的。即便你有“独当一面”的能力，但职人的修行是没有尽头的。与体育选手不同，多数人在晚年才能使技术达到极致。

最近被日本人忽略的东西，就是忍耐、孜孜不倦的踏实。顺便说一句考试的格言：“学问无所谓王道”。也可以说是“工匠的道路上没有王道”。

十一、焰火

狼烟是焰火的原形，或许有些不可思议。

众所周知，公元前3世纪，秦始皇构建了万里长城的原型，同时在城墙上每隔一段距离设立了烽火台，约定白天点烟发信号。说句题外话，在日本最初的百科全书《和汉三才图会》（和漢三才図会）中，解说混入狼粪的烟是最浓的，所以在此处写成“狼烟”。

夜间看不到烟，用木柴点火，很远就能看到火光。在加柴点火时，加入古代中国人知道的火药的原料硝石（硝酸钾，有着助燃的作用）。这也就是我们所知道的“黑色火药”，只是还须一道工序。其实，这也为秦始皇助了一臂之力。

掌握了所有权力的秦始皇最后的愿望是“不老不死”。“死”这个词在周围人的口中是说不得的，连司马迁的《史记》都忌讳提及。

根据秦始皇的命令，有些臣民开始试制不老不死之药，这技术被叫作“炼丹术”。其实，秦始皇的长生不老药是以辰砂（水银）等为原料的药丸。以现代人的眼光来看，水银对身体非常不好。作为药来讲，是猛药。果不其然，服用制作出的药丸后，他确实是死了。据说在炎热的沙漠中，他的尸体在搬移中已经开始发出腐臭，只好在装载他尸体的随行车辆上都装上臭咸鱼（一种臭鱼的味道），以掩盖尸臭。对长生不老的憧憬，使他的死期反而提前了，这真是历史的讽刺。

接下来提到的是，因炼丹术产生的黑火药。在中世纪的一段时间内，欧洲曾一时流行“贤者之石”的炼金术，这一现象促进了化学的发展。硝磺和木炭（最初是药草烧焦了的东西）的混合，不是长生不老药的配方，人们也不清楚是什么样的配方制成了黑色火药。

火药、指南针与印刷术是中国的三大发明。堪察风水的需要而促使指南针的诞生。无论发明的目的是什么，都是从“好奇”“热情”开始的。宇宙开发也会促进民用之需。

原子能与诺贝尔发明的炸药自不待说，人类将发明创造迅速运用于武器的制造，黑火药也是同样的命运。《蒙古来袭图》（蒙古来襲図）中，镰仓武士战马的脚下爆裂的“铁炮”（铁球中装着火药的炸弹），是黑火药最早成为武器的形态，也是 14 世纪欧洲传来的铁炮的原型，在 15 世纪初的胡斯战争[113]中被使用。

日本最初的火药是天文十二年（1543）由葡萄牙人从种子岛传来的铁炮。到了 32 年后的天正三年（1575），织田信长发起的长篠之战[114]中，因连续使用了被称为三千丁的铁炮，对当时最强的武田骑兵团势如破竹。说起武器来，有着比梅毒更为恐怖的传播力。

火药与铁炮说来话长，另一方面，人们发现火药做成装点夜空的焰火能够带来快乐。

用于观赏的物品是微妙的，我们所熟悉的“老鼠焰火”，也叫作“地老鼠”，是在中国宋代发明的。据说最初在皇帝面前公开时，宦官们因受到惊吓而大乱，引起了皇帝的强烈不满。

庆功的焰火在欧洲出现得比较早。据记载，14 世纪下半叶，意大利佛罗伦萨的人们，已经能够将火焰吐成人形进行欢庆。原来，也有 13 世纪中叶威尼斯发射火花升空的说法，在中国也能找出更古老的记录，不过，此处不赘述。

此后，意大利人焰火师罗监利[115]发明的焰火“罗凯塔”（Rocchetta，今叫火箭）在欧洲各地广为流传。另一方面，在意大利被叫作罗凯塔的兵器也在 14 世纪得以使用。

欧洲喜欢焰火的君主多了起来，法国的路易十四（Louis XIV）和路易十五（Louis XV）非常喜欢主办焰火大会，俄罗斯的彼得一世（Peter I）[116]请焰火师燃放焰火宛若自己在燃放一样，这样的焰火一般都容易广为人知。

日本的焰火历史，可以追溯到永禄三年（1560）三河地区在神社的祭礼上燃放的手筒焰火。那时距离种子岛铁炮的传入不过 17 年。据文献记载，此后，于天正十七年（1589），伊达政宗在米泽城时曾有“唐人”四次献上焰火以助乐。

另据《骏府政事录》[117]（駿府政事録）载：庆长十八年（1613）夏，英国国王詹姆斯一世（James I）[118]的使者约翰·塞里斯（John Saris）[119]来到日本在骏府城谒见德川家康，同行的中国明代商人从竹筒中取出黑色火药，燃放了叫“立花”的焰火。

之后，焰火迅速地发展起来。由于第 3 代将军德川家光[120]喜欢焰火，特别在德川家的祖居地爱知县冈崎公然允许制造火药，以致焰火职人急剧增加。就是现在，这个地方仍然集中了一批焰火的专卖店。但只要是与江户有关的话，因建筑物稠密建设的缘故，再三提出焰火禁止令，在江户市内大川端（隅田川）以外的地方玩焰火是被禁止的。

“键屋－、玉屋－”的由来

今天的“键屋”“玉屋”，是由燃放焰火的呼声和行情决定的，两个都是江户时期有名的焰火职人的堂号。

键屋是初代弥兵卫在堺和冈崎修行之后，于万治二年（1659）在江户开设的店铺。在芦苇的茎上用一个火药开发出了能有两三个星的烟花，获得好评。正德元年（1711）在隅田川燃放焰火。

玉屋则是文化五年（1808），第六代键屋的店长从原来的门店分出来的烟花铺，“众人都是表扬玉屋的”（《柳多留》），从川柳歌咏的程度可以看出其鼎盛的程度。之后，“玉屋人气”过高，有“做的差的焰火都推说是键屋做的”那样的话。对于键屋本店来说，这样的话很无趣。好事多磨。天保十四年（1843）4 月 17 日，也就是在第 12 代将军德川家庆[121]因参拜日光东照宫而离开江户的前一天，玉屋竟意外地失火了，进而被逐出江户，结束了玉屋的一代荣光。

尽管如此，人们习惯了看焰火喊“玉屋啊”，“如果忽视掉玉屋的话，可以喊键屋”的川柳，充分地表达了键屋的想法。

此后，键屋经数代传承，终于发展成如今的株式会社宗家焰火键屋。

不谈玉屋了，火灾对东西方工匠来说都是禁忌。顺便提一句，以前威尼斯有很多玻璃作坊。不过，因为用火导致火灾频发，因此 13 世纪末，玻璃作坊被命令集体搬迁到穆拉诺岛（Murano）上。如今，这个岛成了曾有过苦难历史的威尼斯玻璃制造中心。

看焰火的时候，不只是看，听声音也是一大享受。在山间地带，声音是最响亮的，但容易引发山火。尤其在容易发生像江户大火一样火灾的地方，放焰火是极其危险的，因此幕府多次发出焰火禁止令。让这种闭塞感消失的是第8代将军德川吉宗。

大饥荒和霍乱的肆行是不能忘怀的。享保十七年（1732），在德川吉宗的斡旋下，进行了“为溺死者做道场”（在河边为死者的悼念）的活动。次年，为了吹散阴暗的气氛吧，放了焰火。这就是两国焰火大会（现在的隅田川焰火大会）的起源。无论过去，还是现在，燃放焰火都是会让人忘记讨厌的事情的欢乐活动。

现在是一年一次，在江户时代，隅田川的川开（纳凉期间的纳凉船出发）期间（阴历的五月末到八月末），要燃放几次焰火。元禄时代（1688—1704）的宝井其角[122]有“一两烟花间无光”的句子。当时的焰火也是花费很大的事务，所以由船上的富商与旅馆、饭馆老板共同负担费用。

进入明治时期，氯酸钾和锶等新药品的进口变得方便，焰火的技术有了飞跃性的发展。大正期间，出现了能够完成“八重芯菊花型焰火”的青木仪作[123]这样的著名焰火师。

战后，根据《波茨坦公告》，禁止一切制造火药。昭和二十一年（1946）的美国独立日，所有的美国占领军举行露天的焰火大会，借此机会，原有的规则开始有所松动，日本国内的焰火大会开始恢复。

然而，今天由于住宅的高速开发，燃放场地没有了。作为两国通用的代名词——焰火大会，因为住宅区日渐密集以及大会引发的交通混乱和河道污染，在昭和三十六年（1961），被禁止举办。

后来，由于恢复焰火大会的呼声很大，昭和五十三年（1978）将燃放场地移到1千米外的上游，更名为“隅田川焰火大会”而恢复，一直延续至今。

焰火的构造大体上是相似的，焰火的内芯填满了能让其在天上炸开的“割药”（火药），因其破坏力很强，是特别危险的，需要拥有熟练的处理技能。制作星星的过程即“挂星”或“造粒”，星星会与火花、烟雾一起喷出来。接下来，就是把经过“挂星”“干燥”的星星放入玉皮这一球形容器里。

然后，接下来就是玉贴。纸贴在上面，反复干燥。最后完成龙头（“拉手”的部分），在焰火上书写（烟花的种类，制造商，生产年月日），等待放焰火的日子到来。

焰火是在高空的最佳位置完成火药点火、飞星的过程。当然，打开的方法和形状也重要，焰火呈现效果的好坏主要看发射。对于职人来说，期待的同时，也是紧张的一瞬间。

日本人对于焰火的喜爱难道不是世界第一吗？号称世界第一规模的焰火大会的大阪的PL教团[124]的焰火于平成十七年（2005）8月在长冈市为纪念新潟中越震后复兴而举行，燃放的焰火是1.6千米的“凤凰”焰火，日本有很多种焰火进入了吉尼斯世界纪录大全。

顺便说一下，线香焰火是在江户时代设计的同类焰火。原料是和纸、硝石、硫磺、松烟。将纸捻儿搓硬，就会迸出像松叶一样的细小火花。便宜的中国制造夺走了市场，平成十一年（1999）日本国内最后的制造业者停业了，但并没有淹没线香焰火爱好者的声音，线香焰火最近已经复活了。

夜空中绽放的大团花
——匠之美 11：焰火职人　饭田茂雄

山梨县八代郡市川三乡町（旧市川大门町）被八岳山脉和富士山所包围的，这里有起源于武田信玄[125]时代焰火师的甲州焰。

饭田先生工作的齐木焰火店本店，作为甲州焰火的元祖，是众所周知的全国著名的焰火制造公司，始创于明治三十四年（1901），经理齐木庆彦先生是第3代，现在由其子齐木克司专务主持经营工作。

饭田先生在高中二年级时，在本地山梨看到了焰火大会，因而产生了兴趣，高中毕业后就住进了齐木社长家开始进修。

通常，制作焰火的进修是从“装药”“贴珠”开始，其次才学习“挂星”“配合”，几乎同时也开始学习“装药”。然而，问题是，此时的饭田先生首先是从难度高的“挂星”“配合”教起，同时还学习“装药”。最初教学的是30多岁的前辈，一段时间后他辞职了。然后，饭田先生就跟随比他父母年龄都大的指导员学习，要同时学习很多东西，很辛苦。

事有所好则无难事，他的进步之快让人惊讶。“玉贴三年，挂星五年”这句话也不适用于他，最后在入门的第三年就全部完成学习。

此后，每次发射玉焰火的时候，饭田制作的焰火是最美的。职人的世界就是“实力第一”。采访饭田先生时，他只是名 33 岁的青年，但是作为该公司的领导人，作为一名焰火师们的队长已经能够指挥全部了。

每年，在日本全国各地举行的焰火大会大约有 350 次，季节也不仅仅局限在夏天。你在读这本书的时候，说不定哪里正有饭田先生制作的焰火在燃放呢。

◇“日本人善于应用而缺少发明的心”

这是江户时代中期来日本作为长崎商馆医生的瑞典人卡尔·彼得·通贝里（Carl Peter Thunberg）所说的。

著名的“半导体之父”西泽润一博士也抱有这样强烈的危机感——“从超乎认知的新思考而来的发明”是日本所欠缺的。在他的著作《解读技术大国日本的未来》（技術大国・日本の未来を読む）的序章里，以“日本的科学技术支撑不到 21 世纪”这样惊人的话语作为开头。有幸我们以一流国家的姿态迎接了 21 世纪，22 世纪也不能松懈。

如果不继续努力，就不能保持日本的领先地位。这样的说辞，如同冷水一般泼在坚信“日本人是优秀的，日本的技术是世界上值得夸耀的”这样观点的日本人头上。我们也应该收敛些傲慢吧。

在玉皮的中央放入火药（为了让焰火在空中炸开），火药的周围放的是“星星”。如果星星排列不整齐，放出的焰火就不会呈球形。而且，“割药”是炸药，应当引起注意。

燃放当日的准备。一点点的错误会导致大事故的发生。在巨大的放射筒下进行细致的检查。最近，在发射的数字化方面进展得相当顺利。不过，在一月举办的河口湖的焰火大会，人们在寒冷的环境中工作，身体也会被冻僵。

在严格管理下的工厂。一个房间（作业工作室）能够放置的火药总量是有规定的，所需火药是经过计算的，颗粒都必须经过仔细的检查，检查时要穿着专用的作业服。图中所示的是“挂星”工序。星星在“挂星”工序中，一天只会变大0.5毫米，所以职人要非常有耐心。

平成十九年（2007）8月7日在市川三乡町举办的“神明的焰火”。由饭田与其同事经手的焰火将夜空变得五彩缤纷。其实，在“之后的打扫”也是他们的工作。焰火的玉皮是纸做的，因为纸是可降解的。为了更容易降解，近来开始使用稻壳。

虽然是朴素而危险的工作，但是，在努力之后能看到成果。如果听到观众的欢呼声，他们也会从心底感到成为焰火职人的幸福。十号的“尺玉”（直径 30.3 厘米）在手，饭田先生的脸上挂满笑容。

十二、陶艺

陶瓷器，是低温烧制的、敲起来声音发闷的陶器，与高温烧制的、玻璃化的、敲起来有金属的声音的瓷器的总称。瓷器的大力发展是在11世纪的北宋年间，陶器的历史则更为久远。

经过了绳文式[126]、弥生式[127]土陶的时代，以及古坟时代的须惠器[128]之后，到奈良时代就已经出现了模仿唐三彩的陶瓷器。日本的陶器水准是远不如大陆的，但也有高级的物品。镰仓时代初期建立了濑户[129]、常滑[130]等窑，至今仍然非常繁盛。

安土桃山时代，千利休[131]从寂静的茶开始，在丰臣秀吉的庇护下日见隆盛。千利休的审美意识给后世以极大的影响，他所喜欢的一种高丽茶碗（朝鲜制作的陶瓷茶碗。高丽为朝鲜的古称）被叫作“井户茶碗”[132]。名称的由来，正如钵内侧釉药的流淌与水的挂痕所显示的景色那般。高丽茶碗的陶工开始烧制萩烧[133]窑器，烧出的多数是这样的井户茶碗。

千利休也是非常喜欢形态不均匀、有点扭曲的物品。在发源地朝鲜半岛的人们会笑着说，“日本人很喜欢，但不会做的。”只有我们日本人才能在不完美的东西中发现美。

后来，千利休惹怒了丰臣秀吉，受其命令剖腹自杀。但此后，茶道并未衰弱，大名茶人为追求好的茶器而奔走。万历朝鲜战争爆发了。日本在侵略朝鲜的时候，为了更好的茶器，把“高丽烧”的陶工强行带回了自己的领地，这被后世称为“茶碗战争”。据说被带走的朝鲜陶工有3至5万人。在江户时代，朝鲜通信使已经多次来日本，其最初的目的之一，就是要让这些人回国。

萨摩烧[134]的沈寿官[135]描述了这些到日本的朝鲜陶工的后裔。司马辽太郎[136]的《难以忘却的故乡》（故郷忘じがたく候）很有名。另外，也有肥前有田烧[137]（伊万里烧）、长门萩烧、筑前高取烧[138]等，都是从大名命令陶工所烧造的陶器中发展而来的。

虽然做的比较过分，但日本的陶瓷技术以此为机会取得了飞跃的进步。进而，宽永期间，锅岛藩的家老多久安顺[139]带领归化的朝鲜人李参平[140]在西松浦郡有田町泉山发现了可以用于瓷器制作的“白瓷矿”，有田濑户瓷器的烧造成为可能。这些散布在各地的窑由野野村仁清[141]与尾形乾山[142]取名为京烧[143]，有着巨大的影响。

这样的陶瓷器遍布日本全国，如今志野烧[144]、备前烧[145]、萩烧等，多数比较繁荣。最近简便的陶艺是用电窑烧造的，电窑可以买到，因而以陶艺为趣味的人增加了很多。

火与土的艺术

——匠之美 12：萩烧陶工　野坂康起

萩烧的开山鼻祖是毛利辉元[146]，他带来的是文禄之战时归化的朝鲜陶工，所谓李勺光、李敬[147]兄弟。毛利辉元败于关原合战[148]，一部分领土，从广岛转移到萩之时，在萩的松本村字中仓建窑。在这样的背景下，萩烧变为毛利藩的御用窑。萩烧茶碗是有名的，不过，其他碟子和钵等日常用品也时常被烧毁。萩烧受高丽瓷的影响是较大的，比如茶碗“割高台”等。

萩烧用的土壤，是以大道土[149]、见岛土[150]、金峰土[151]等三种土为基础，因含铁成分高的见岛土的作用，多显现为偏红的茶褐色。

按照喜好的配方调好土后，因为土中含沙砾，所以要干燥粉碎后加水搅拌，这道工序叫作“土滤”。然后，把得到的黏土在板上仔细地踩踏成圆形，再裹起来，反复这一套动作，持续数小时，这道工序叫作“土踩”。接下来用手揉土，在这个时候，一边确认硬度一边再加上另外的土，做出自己理想的黏土。

其次是“成型”，萩烧用的辘轳车与唐津烧[152]用的差不多，是用足推动向右转动的朝鲜系的辘轳车。

造型、干燥、修型，加上作者的印鉴。器物的形体就这样完成了，同时还要施以化妆土，修饰“刷毛目”，阴干后以700℃左右的高温烧15个小时，即“素烧”。

接着是上釉。萩烧主要使用的釉是长石粉与木灰混合的土灰釉（透明釉），其中加了蒿灰就是蒿灰釉（白釉）。

登炉是从最下面的房间开始点火，依次向上面的房间里放入火，赤松柴烧的过程中温度不断上升至1200℃左右。从15个小时起，最长的大约是30小时，但温度调节是比较难的，只能依靠多年的经验。而且，窑中的火苗是舞动的，同样的釜，根据场所不同会有微妙的温差，那也是乐趣。

人们把萩烧茶碗称为“萩之七化”，萩烧的茶碗有着透水性，在进行泡茶时，茶会渗入茶碗使釉的色调出现变化，其中的意趣是耐人寻味的。由于这样的“变色”，高丽茶碗的特点被原封不动地继承了下来。根津美术馆[153]所藏的作为重要文化遗产的高丽茶碗上刻有“雨漏茶碗”的铭文，虽说随着时间推移自然老化也是有的，但如果疏于管理的话，也容易长霉，因此需要注意。说点题外话，近年来，日本将陶器的多孔质的吸附性应用于汽车尾气处理了。

我们不清楚民间有“一乐、二萩、三唐津”和“一井户、二乐、三唐津”的排序是否妥当，但是萩烧与京都的乐烧，以及从佐贺迁移到长崎的唐津烧，这三种茶器都给茶人带来了很多享受。

因此，在已故的第10代三轮休雪[154]的古萩烧研究之中，以被叫作“休雪白”的白釉为起点，萩烧的历史翻开了新的一页，延续至今。

采访中听闻了野坂先生的经历：16岁时进入三重县窑业研究所，跟随已故的国宝级人物荒川丰藏[155]先生学习志野烧后，又成了萩烧窑主的养子。他能够将有特征的、粗涩手感的伊罗保釉运用自如，有“伊罗保的野坂”之称。平成十四年（2002），野坂先生被认定为山口县指定无形文化遗产萩烧保持者。

十三、“匠人”的复兴

为了传统的灯不会消亡

《Voice》[156]（平成十九年一月号至十二月号）在其卷首用凹

揉土作业。用双手对土用力地揉150下，在揉的过程中出现像菊花那样的“菊练”。

400年的传统，教会了野坂“别太显示个性，要成为萩烧的奴隶”。严格的教育教会了野坂先生用手去传承。（照片的后方，是其女儿百合江女士）

手的微妙动作会产生美的造型，需要熟练的技术。野坂先生在从事陶艺之初，“在辘轳车的面前觉得恐怖”。由于空气含量较多，经过成型作业后体积会缩小两成。

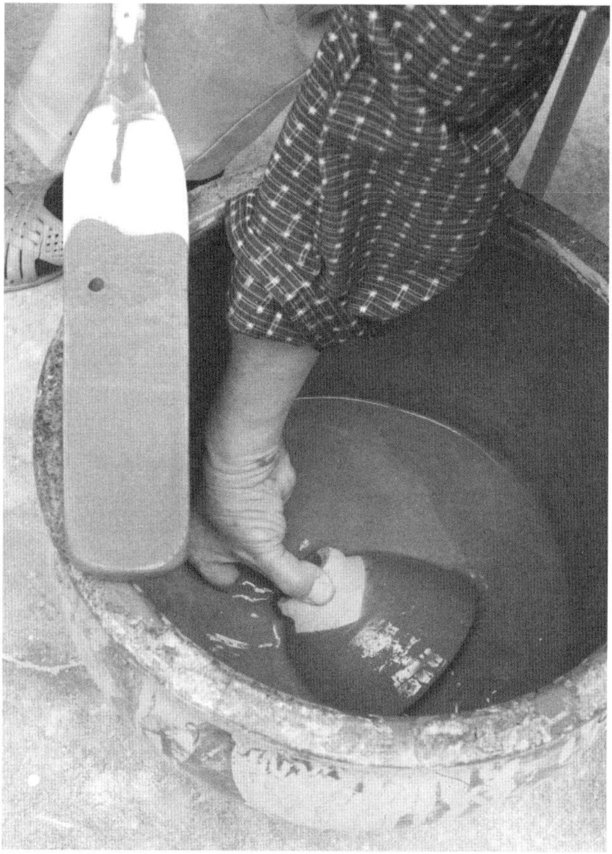

野坂先生的代名词是“伊罗保釉”，现正在进行施釉作业。
木灰与含铁成分较多的赤土是主要成分，有一种粗糙的触感，这是其烧造过程中的特征。器物的表面的“粗糙感”，是其得名的原因。

上一代的野坂百一（野坂康起是其上门女婿）在野坂江月窑前。当初野坂康起参访萩烧时，窑只生产7个品种。之后，最繁荣时曾达到150种，如今稳定在40种左右。
野坂先生在平成十九年（2007）已经76岁。与之前相比，烧窑的次数已经有所减少，基于“如果窑不再被使用，就会被废掉，所以我想守护着窑并把它传给后世”的想法，今年也烧了一两次窑。她做出来的作品也给人温柔之感，真是“器如其人”。

版印刷连载了“匠之美”，与意想不到的各种各样的职人们接触，在被他们感动的同时，也学会了各种各样的事。

明治维新以来，日本追随欧美各国，鼓励发展产业，不断接纳欧美的机械文明。机器批量化生产的效率远远高于职人的手工制作。也许，那些被机器取代的职人，会慢慢消失吧。

但是，只要人类不被机器人所取代，“那些只有人类才能做的部分”就一定能留到最后。在无法标准化的部分中，有活跃的职人。热爱自然，能感受到树的温暖和土的性情的日本人，并不认为被混凝土和化纤包围的生活能让人感受到安乐。

更大的问题在精神层面。包括“职人气质”的文化给予社会的影响很大，大到无法想象。“孜孜不倦地做”“学会了忍耐”“不妥协”等心性，像日本人的DNA那样遗传，这才是日本国力的源泉。

然而，如今很多继承“职人气质”的传统职人也都陷入了如“朱鹭”（世界濒危物种之一）一般的困境中。

存在这样的议论——“与恐龙灭绝后鸟类成为遗存一样，传统职人的灭亡，只要其DNA遗传下来，不就可以了吗？”实际上，在现代企业中，日本“造物”的DNA一直生生不息。在有限的预算和人力中不断磨炼奋进，便是职人的姿态。

这样的企业集中在东京的大田区，在大阪的话就在东大阪市。东大阪中小企业的人们有着关西人特有的豪爽，组成了东大阪宇宙开发合作组，做梦也要发射“MAIDO号”的人造卫星。就是那样的心气。

我对现代企业中生活的职人们有着更加积极的期待。传统的职人世界本身要继续活下去，那是因为在他们身上能够看到日本“造物”的原点。有人问为什么一定要回到原点。若没有原点，心就不在了。

传统职人所面临的问题，就是日本整体遇到的问题的缩影。最纯粹的、病态的部分已经很明显。

首先，职人的最大问题是后继无人。这是由“轻松赚钱吧”的精神引导与少子化的双重作用而造成的。年轻人减少，并不意味着社会所有领域的年轻人都在减少。越是环境艰苦的行业，年轻人人手不足的情况就越严重。这正是当下在职人的世界里发生的事情。

从现场的状况看，问题不仅限于人手不足。忍耐、努力、上进，这些都是职人的必备特质，在年轻人身上正逐渐消失。这也是日本社会的普遍问题。

培育职人的师徒制也没有了昔日的面貌。在后继者无人的状况中，师傅呵斥弟子“不愿干辞职呗！”或是严厉的教育时有发生。在后继者很多的厨师行业，竞争仍然激烈，但不远的将来，这种情况就会成为“历史”吧。

那么，我们的国民，还有县和市的政府，到底怎样做才好呢？

得到政府支持的“造物”

平成十三年（2001）四月，在劳动省（当时）的斡旋下，埼玉县行田市的“造物大学”开学了。“造物”一词开始流行，这座大学做出很大的贡献。

该校的校歌是梅原猛[157]先生作词，表达了“造物”的精神，其第一段和第三段摘录如下：

第一段

从绳文的 / 过去
国家的骄傲 / 造物
传到那 / 遥远的地方
日积月累的 / 美丽
匠之技艺 / 为我们所学习

第三段

这条路 / 若废弃
国之毁灭 / 决无可能
身与心 / 全于一
工作即制作 / 改造社会
匠之技艺 / 为我们所创造

政府以多种形式支持“造物”。这在《造物白皮书》（ものづくり白書）中（经济产业省、厚生劳动省、文部科学省）能够看到。

内阁总理大臣进行表彰的“日本造物大奖”（两年一次），尝试着将传统的“技”、最先进的技术与“造物名人”进行表彰。主办者是经济产业省、国土交通省、厚生劳动省、文部科学省以及社团法人日本机械工业联合会等，表彰每两年举行一次。

与“日本造物大奖”有关的各省主办的“技能大奖赛”“青年造物竞技大赛”等，各省绞尽脑汁高效地使用有限的预算，出台各种与“造物”有关的振兴政策。我不支持自上而下领导主义的管理方式，但如果这能促进各政府机关的竞争，我觉得也是可以的。

我们能有何作为？

——对匠之敬意与对“本物”的爱惜

地方自治体，为了地域的发展振兴和发扬地方的传统职人技术，也在尝试各种各样的形式。民间也一样，金泽职人大学、日本名匠会、中央职业能力开发协会等，在接受自治体的援助下，共同将职人传承下去。类似的例子不胜枚举。只要有心就不会受限制。

只是，为了不失去职人文化，我们能做的正如本书所说的那样：对不断努力的人怀有敬意。我不禁觉得，随着物质逐渐充裕，人们开始注重精神上的满足，今天的消费者对质量的要求越来越高，那么对职人技艺的重视，也应该指日可待了吧。

欧洲人拥有善于使用“品牌”的文化。然而，现代的日本人所追求的是“品牌”的名头，而非“本物”的品质。若是“本物”受到重视，对职人的工作就会就产生需求，这样才能保证职人真正的繁荣昌盛。

注释

1 《延喜式》：平安时代中期（公元905年），由藤原时平、藤原忠平等人编纂的一套律令条文。其中对于官制和仪礼有着详尽的规定，是研究古代日本史的重要文献，又称作“延喜式祝词”。

2 大七酒造：日本福岛县二本松市的一家酒类制造、销售的企业，创立于1752年，现法人代表太田英晴。

3 太田英晴：1960— ，日本大七酒造有限公司第10代经理，兼任日本青年会议所酒类部会第40代部会长。

4 佐藤孝信：1947— ，日本福岛县人，日本大七酒造有限公司酿造部长。以传统的“酒母酿造”技术见长，被誉为“酒母酿造第一人”，曾连续两次获得纯米酿造金奖。

5 二本松：日本福岛县中北部的城市。近代为丹羽氏的城下町。以酿酒业、食品工业、纤维工业最为发达。

6 滩：日本兵库县东南部、大阪湾北岸的地区名，包括滩五乡在内的著名清酒产地。

7 景行天皇：公元前13年—公元130年，日本第12代天皇，在位71年至130年。《日本书纪》《古事记》对其事迹均有记载，但学界对其真实性仍有疑问。

8 绳文时代：日本旧石器时代后期至新石器时代，始于公元前14500年，于公元前300年正式结束。这段时期地质年代上属于更新世末期到全新世的时期，这是日本列岛发展的一个重要时期。“绳文”一词来源于美国动物学家摩斯关于大森贝冢陶器发掘的报告。

9 阿伊努人：日本与俄国北部的原住民族，日本唯一的少数民族。古文献称“虾夷”。属蒙古人种和尼格罗澳大利亚人种的混合类型。分口语、雅语。无文字。信仰万物有灵和多神，崇拜祖先。长期从事渔猎，以鸟兽鱼肉为主食，擅长制作和驾驶独木舟。

10 松田权六：1896—1986，石川县金泽市人，日本莳绘师，漆艺史上不多的名匠，被誉为“漆圣”，人间国宝，获文化勋章。曾致力于传统工艺的复兴，另一方面摸索制作新的莳绘。1965年其著作《漆之话》获每日出版文化奖。

11 大河原光之助：1907—？，日本现代髹漆职人。

12 仪同哲夫：1948— ，日本福岛县会津人，从事漆器髹涂工作40余年。曾获内阁总理大臣奖，现在会津若松市经营“仪同漆器作坊”。

13 会津涂：会津地方的漆器，日本福岛县会津地方流传的传统工艺品之一，已被指定为国家的传统工艺品。

14 津轻涂：以日本青森县弘前市为中心生产的漆器。制作特点是在髹涂的过程中，将漆与蛋白和明胶等搅拌在一起，用毛刷髹涂以表示图样绞纹（花纹漆），做出凹凸后，各种颜色涂漆重叠，再用独特的磨石在云形的斑纹上磨出图案。质地坚牢，耐久性好。

15 琉球漆器：琉球群岛特产的一种漆器。相传源于14世纪左右，其制作技法源自中国，并在当地得到发展，是琉球的代表性美术工艺品、琉球王府的重要的物产和出口品、用于向中国进贡的贡品、萨摩和江户莫府的献上品。琉球国被日本吞并后，日本也很重视这项传统工艺。1983年，日本将琉球漆器指定为国家传统工艺品。

16 京漆器：日本近畿地方、京都府的地域品牌之一。1976年2月，被通商产业大臣（现经济产业大臣）指定为国家的传统工艺品。

17 轮岛涂：产于日本能登半岛的石川县轮岛市的漆器，相传起源于江户时代宽文年间，于1977年被日本政府指定为国家重要无形文化遗产。

18 二本松少年队：战死在日本戊辰战争中的一场战役——二本松之战中的一群少年和部分老人。

19 白虎队：日本江户时代末年“戊辰战争”中一群由16—17岁的少年武士组成的小军队。

20 蒲生氏乡：1556—1595，出生于日本近江日野的中野城，伊势松阪城主，会津领主，织田信长之婿，战国时期智勇兼备的名将之一。

21 保科正之：1611—1673，日本江户幕府第2代将军德川秀忠之子，幼名幸松。日本儒学学者。

22　戊辰战争：1868 至 1869 年，日本历史上在王政复古中成立的明治新政府击败江户幕府势力的一次内战。

23　美作：日本古代国名，现在的冈山县东北部。旧称作州。

24　出云：日本古代国名，现在岛根县东部。旧称云州。

25　播磨：日本古代国名，现在的兵库县西南部。旧称播州。

26　越前：日本古代国名，北陆道七国之一。现为日本福井县中、北部地区。

27　称德天皇：718—770，又叫孝谦天皇，日本第 48 代天皇，在称德天皇当政时期，继续贯彻了大化改新，执行天智、天武天皇以来所推行的政策。继续“以唐为师”，对中国唐代的经济、政治和文化，基本上仍处在模仿、照搬和全面引进的阶段。

28　约翰内斯·古登堡：1398—1468，出生于德国美因茨，西方活字印刷术的发明人。其发明导致了一次传媒革命，迅速地推动了西方科学和社会的发展。美国学者麦克·H. 哈特（Michael H.Hart）在他所著的《影响人类历史进程的 100 名人排行榜》中，将古登堡排在第 8 位，可见其在人类历史上巨大的影响力。

29　遣唐使：日本奈良、平安时代，从日本向中国唐朝派遣的使节。新兴的唐朝帝国国力开始强盛，法式制度完备，文化呈现出空前的繁荣。日本继续向唐朝派遣使者，称为遣唐使。中国的许多律令制度、文化艺术、科学技术以及风俗习惯等，通过他们传入日本，对日本的社会发展产生了重大影响。

30　最澄：767—822，日本近江国滋贺郡人，俗姓三津首，幼名广野。日本延历七年（788），在琵琶湖畔的比睿山自刻药师如来佛供奉，并建立了日枝山寺，也就是后来的延历寺。曾在比睿山大兴天台教义，正式创立日本佛教天台宗。临海龙兴寺遂成为日本天台宗祖庭，为历代日本天台宗僧人和信徒所瞩目。

31　筑紫：日本古代国名，其地域在现在的福冈县一带。

32　伊达政宗：1567—1636，幼名梵天丸，元服后字藤次郎。日本安土桃山时代奥羽地方大名，江户时代仙台藩始祖，伊达氏第 17 代家督，今天日本仙台市的建城者。

33　支仓常长：1571—1622，日本仙台藩大名伊达政宗的家臣，藩士。是有史以来第一个派往欧洲的日本人。出访法国也是日本关系史上第一次有记录的交流。

34　讲谈社：全称“株式会社讲谈社”，1909 年由野间清治在日本东京创立，音羽集团成员，日本最大的综合性出版社及版权持有者。1958 年，改用现在的名称株式会社讲谈社。现也是日本主要的漫画出版社之一，同集英社、小学馆并称日本出版界的漫画三雄。

35　信浓：日本古代国名，现日本长野县。古称信州，以出产上等和纸而闻名遐迩。

36　土佐和纸，其历史可追溯至927年，即醍醐天皇时代。据平安时代（794—1192）书写的法令条文《延喜式》中记载的那样，作为土佐国（现在的高知县）纳税法的纸张而被当成贡品。土佐和纸的种类约有300种。而且，其品质被评价为薄而不易破，别名有“蜉蝣的翅膀”之称，可算是世界上最为轻薄的手工纸。这种既薄又结实的品质已经应用到了各式制品当中，其中之一就是文化遗产的修复用纸。

37　名盐纸：名盐雁皮纸，日本兵库县西宫市的盐濑町名盐地区制造的日本纸。因添加了当地特产的岩石微粉末、原料经手工细致处理、用移动法完成的抄纸，再糊在板上日晒干燥等工序而形成特色。

38　谷野武信：1935—，日本兵库县有马郡盐濑村（现西宫市盐濑町）人，雅号谷野刚惟，造纸工艺家。雁皮纸名盐制作技术保持者。获西宫市民文化奖。

39　莲如上人：1415—1499，京都人，名兼寿，幼名布袋丸、幸亭丸，日本净土真宗高僧。著有《御文章》《正信谒大意》《真宗领解文》等。

40　东山弥右卫门：名盐纸传说中的始祖。

41　松江重赖：生卒年不详，日本江户时期的俳人，编有《毛吹草》等。

42　《毛吹草》：日本江户时代前期的俳句集，其中有收录谚语和各国名物等。

43　藩札：日本江户时代在各藩发行的领地纸币，又叫国纸币、藩纸币，一种只能在藩主所辖领域内通用的纸币。

44　兼六园：位于日本石川县金泽市的中心附近，一座环绕着池水的庭园。作为加贺藩主前田侯的庭院，于日本延宝年间(1673—1681)建造，文政年间（1818—1829）年间曾经大修。被日本政府指定为特别名胜。

45　埴轮：日本古坟顶部和坟丘四周排列的素陶器的总称，分为圆筒形埴轮和形象埴轮。埴轮最早用来代替杀生陪葬。在活人陪葬制度废除以后，它可能是唯一流行的一种代葬物，因为埴轮都被作成各种侍候墓主人的下人形象。

46　伊势神宫：又叫伊势大神宫、伊势大庙、二所大神宫、神宫等。位于日本三重县伊势市，由皇大神宫（内宫）和丰受大神宫（外宫）所构成。其正殿为神社建筑的代表性样式。

47　兼好法师：1283—1350，本名吉田兼好，日本南北朝时期有名的歌人。精通儒、佛、老庄之学。有歌集《徒然草》传世。

48 名主屋敷：全称一之江名主屋敷，位于日本东京都江户川区春江町的历史建筑物，东京都指定史迹，江户川区史迹。

49 中野诚：生卒年不详，日本京都南丹美山人，日本茅葺职人。

50 图坦卡蒙：公元前 1341 年—公元前 1323 年，古埃及新王国时期第十八王朝的法老。

51 龟虎古坟：位于日本奈良县高市郡明日香村的西南部，在阿部山上修筑的古坟。2000 年 7 月 31 日被指定为日本国家史迹，同年 11 月 24 日被指定为特别史迹。2013 年石室的考古调查结束。为了填补石室进行了坟丘的复原整修。

52 北野天神：日本古代四大怨灵之一。原名为菅原道真（845—903），日本古代的政治家、书法家和诗人。

53 金泽市：位于日本北陆地方最大的城市（不包含新潟），人口约 45 万，也是石川县的县厅所在地。金泽的名字起源于这样一个故事：一位名叫芋掘藤五郎的农民靠挖马铃薯为生，他把马铃薯上的金沙都洗入一口井，现在被称为金城灵泽，因此该地就被命名为金泽，意为“黄金的沼泽”。

54 加贺奉书：以日本国石川县的能美、石川、河北三郡为中心生产的奉书纸。16 世纪末，前田利家作为当地领主之后，其成为被奖励的美术工艺品，并且相关的造纸行业也盛行起来了。

55 山中涂：以日本石川县加贺市的山中地方为中心生产的漆器，其制作量在日本首屈一指，其豪华精美的泥金画茶道用具也得到了公认。山中是巧妙地使用辘轳挂钩的产地，江户时代京涂学朱红髹漆而形成特色，后发展成山中漆器。

56 加贺藩：日本江户时代的藩国，领有加贺国、能登国、越中国的三国大半作为领土的藩。同时，加贺藩领一百零二万五千石，是所有大名中最多的一个，加贺藩所受到的待遇和德川御三家的待遇是同样的。

57 德川家齐：1773—1841，乳名是丰千代，日本德川幕府第 11 代将军，一桥德川家第 2 代当主德川治济的长子。

58 溶姬：1813—1868，德川家齐的第 21 位子女。

59 赤门：位于日本国东京都文京区，东京大学的大门。大学的地基是江户时代加贺藩前田有家的宅邸，1827 年将军德川家齐的女儿出嫁前田家时作为大宅御守殿门而建造的朱红门。江户时代，大名迎娶将军家的女儿，其居所要建御守殿朱漆大门。

60 梶田治：1943— ，爱知县人，日本国福田金属箔粉工业总经理，国民工业振兴会干事，2005 年获“日本造物大奖”。

61 赫尔曼·梅尔维尔：1819—1891，美国纽约人，美国 19 世纪著名小说家。著有小说《白鲸记》、诗集《战事集》《克拉瑞尔》《约翰·玛尔和其他水手》《梯摩里昂》，他的作品还包括短篇小说，如《书记员巴特子比》以及中篇小说《比利·巴德》。

62 约翰万次郎：1827—1898，日本江户末期到明治初期的人物。为缔结日美和亲条约做出了很大贡献，此后作为翻译、教师而活跃。被叫作约翰·蒙（John Mung），本名是中滨万次郎。

63 黑船：日本江户时代末期来自美国、俄国以及欧洲的蒸汽动力的船。

64 迈克尔·法拉第：1791—1867，英国物理学家、化学家，著名的自学成才的科学家。1831 年 10 月 28 日法拉第发明了圆盘发电机，是人类创造出的第一个发电机。由于他在电磁学方面做出了伟大贡献，被称为“电学之父”和“交流电之父”。

65 弗朗索瓦·阿米·阿尔冈：1750—1803，瑞士发明家、物理学家、化学家。

66 小川未明：1882—1961，生于新泻县高田市，日本童话作家、小说家，被称为“日本的安徒生”。一生创作了 7000 多篇童话，有 12 卷本《小川未明童话全集》。代表作有《野蔷薇》《牛女》《红蜡烛和人鱼》等。

67 兵库西宫：西宫市，位于日本兵库县东南部的城市，日本中型核心城市之一。该地生产的清酒享有“国酒”之誉。

68 越后：日本古代国名，北陆道七国之一。现为除去佐渡岛部分的新潟县。

69 七尾：位于日本国石川能登半岛，日本古代能登国的主城。现为旅游景点。

70 鹤冈：位于日本山形县南部的城市，濒临日本海。鹤冈市的人口位居山形县的第二位，仅次于山形市。

71 冈崎：日本本州中南部城市，日本爱知县的中心。昔日是三河国中央位置的城市，以生产“八丁味噌”而闻名。

72 今津：日本地名，位于日本福冈县福冈市西区，面向博多湾。

73 伊予内子：日本地名，位于现伊予市。

74 岸信介：1896—1987，生于日本山口县，1920 年从东京帝国大学法学部毕业，日本著名的政治家。

75 佐藤荣作：1901—1975，日本山口县人，日本政治家，日本战后第 10 位首相。曾因提出无核三原则而获得 1974 年的诺贝尔和平奖，是迄今为止唯一获得过此奖的日本首相。

76　天照皇大神宫教：创于1945年，总部所在地山口县熊毛郡田布施町，现有信徒45万。

77　防长四白，指的是江户时代的萩藩的主要产物，米、纸、盐、蜡四种，都是从白色的角度来看的。

78　古川五郎：生卒年不详，日本和式蜡烛传承人，有店铺一间。

79　彦根：日本滋贺县琵琶湖东岸的城市，纤维、水泥工业和佛坛制造发达。

80　指日语的用法。

81　目千：铭仙的古称。

82　小袖：与大袖相对应的词汇，指广袖外衣下面的内衣。广义的讲，指从中国输入的对襟服装；狭义的讲，指穿在里面的衣服。

83　友禅染：日本元禄时代由绘扇师宫崎创造的一种用米糊防染的方法。以绘制多彩而华丽的纹样为特色。

84　丰田佐吉：1867—1930，日本静冈县人，明治至昭和时代初期发明家、实业家。

85　岩濑吉兵卫：生卒年不详，日本历史上的发明家。

86　黄八丈：日本八丈岛出产的一种面料，以黄色为基调的条纹和方格组成的织物。

87　白子屋熊：1873年6月在日本东京中村座初演，以三世春锦亭柳桥的人情戏《白子屋政谈》为剧本，大冈审判、责问的事情。

88　大冈审判：指公正的、有人情味的审判和判决。假托江户中期的大冈忠相的审判说事。

89　大冈忠相：1677—1752，日本江户中期的幕臣，作为公正审判断的名奉行而著名，称越前守，之后担任寺院和寺院的奉行、演奏者。

90　奉行所：江户时期日本政府设在町一级的办事机构。

91　人形净琉璃：日本独有的木偶戏，日本专业的傀儡戏，又叫木偶净琉璃。是日本古典舞台艺术形式的一种。

92　濑川菊之丞：生卒年不详，日本江户时代的歌舞伎名演员，近代新派剧中“女方”流派的传承者。

93　百济：原本居于古代中国东北的扶余人南下在朝鲜半岛西南部建立的国家，660年被唐朝联合新罗攻灭。

94　室生寺：坐落在日本奈良县东北部的室生村，建造在室生川北部陡峭的山腰上。对照女人禁制的高野山，允许女性参诣，所以有“女人高野”的别名。

95 弘法大师：774—835，日本赞岐国多度郡屏风浦（今四国岛香川县善通寺市）人，法名空海，密号遍照金刚，谥号弘法大师，唐密第8代祖师。

96 古坟时代：又称大和时代，日本继弥生时代之后的时代，从公元250年开始，迄于公元593年，因当时统治者大量营建“古坟”而得名。

97 平田乡阳：1903—1981，生于日本东京浅草，本名恒雄。也被邀请制作现代人形，1954年（昭和二十九年）担任日本美术展览会审查员，1955年被认定为重要无形文化遗产保持者。

98 堀柳女：1897—1984，日本东京人，本名山田松枝，人形作家。1937年首开女性创作人形塾。1955年（昭和三十年）被认定为重要无形文化遗产保持者。

99 竹久梦二：1884—1934，日本冈山县邑久郡本庄村（现邑久町本庄）人，本名竹久茂次郎，有着“大正浪漫的代名词”“漂泊的抒情画家”之称的日本明治和大正时期著名的画家、装帧设计家、诗人和歌人。有画册《梦二画集·春之卷》《梦二画集·夏之卷》等，以及诗歌集传世。

100 武者小路实笃：1885—1976，东京人，日本小说家，剧作家、画家，白桦派的代表作家之一。早年写有小说《没见过世面的人》《幸福者》《友情》，剧本《他的妹妹》《爱欲》《人类万岁》等。1951年以后完成长篇小说《真理先生》。1951年被授予文化勋章，1952年成为艺术院会员。

101 博多人形：日本九州福冈市博多产的偶人，用博多近郊的黏土原料素烧，然后用矿物颜料等着色。

102 黑田长政：1568—1623，出生于姬路城，幼名为松寿，通称吉兵卫，日本安土桃山时代到江户时代初期的武将，福冈藩第1代藩主。

103 正木宗七：？—1766，日本江户时代中期陶工，宗七烧之祖。正木家的后人世世代代为藩御用陶瓷师，主要是制作实用品。

104 四天王寺：位于日本大阪市天王寺区的和宗（初为天台宗）之寺。山号为荒陵山，是天王寺的略称。古时又称荒陵寺、难波寺、御津寺等，相传是由圣德太子创建。现在的建筑物是战后复元的建筑。

105 源赖光：948—1021，父亲为镇守府大将军源满仲，母亲为嵯峨源氏近江守源俊之女，为摄津源氏始祖。后世流传着很多关于他们降服妖魔的传说。

106 德川秀忠：1579—1632，出生于远江国（静冈县）浜松城，日本江户幕府第2代将军，德川家康之子。

107 松平忠直：1595—1650，日本江户时代的大名，越前松平家的第2代当主、越前国福井藩主。

108　粟田口国纲:1163—1255，本名林藤六郎，通称藤六、左近入道、藤六左近，日本镰仓初期，粟田口派的刀工，天下五剑之一“鬼丸”的作者。

109　北条时赖：1227—1263，北条时氏之子，日本镰仓时代的武将。宽元四年成为镰仓幕府第 5 代执政者。

110　新田义贞：1301—1338，幼名小太郎，正式名为源义贞，日本镰仓幕府末期到南北朝时期之名将，河内源氏一族，新田氏第 8 代当主。曾任左马助、播磨守、越后守、左卫门佐、左兵卫督、正四位下左近卫中将。

111　足利义昭：1537—1597，日本室町幕府第 15 代（最后一代）将军，足利义晴的次子，前任将军足利义辉之弟。年轻时曾入佛门，法号觉庆。

112　本阿弥光德：1558—1637，世代以刀剑鉴定，研磨，净拭为业的本阿弥家族的后人。

113　胡斯战争：又称捷克农民战争，欧洲历史上时间较长、影响深远的一次农民战争。这次战争以捷克民族英雄胡斯的宗教改革为旗帜，以胡斯党人为领导，所以称胡斯战争。领导这一运动的是捷克伟大的爱国志士、神学家、布拉格查理大学教授兼伯利恒礼拜堂的传教士约翰·胡斯（John Hus，1369—1415）。

114　长篠之战：又称长筱合战，日本战国时期的一场著名战役。此战对于武田胜赖来说，是一幕不得不出演的悲剧。

115　罗监利：生卒年不详，意大利 14—15 世纪的焰火师。

116　彼得一世：1672—1725，原名彼得·阿列克谢耶维奇·罗曼诺夫，后世尊称其为“彼得大帝”（Peter the Great）。他一般被认为是俄罗斯最杰出的皇帝，近代俄国的政治、经济、文化、教育、科技等方面的发展无不源于彼得大帝时代。

117　《骏府政事录》：日本江户时代初期的记录。又叫《骏府记》。记录了德川家康将军让位于秀忠，在骏府（静冈市）引退后，1611 年（庆长十六年）至逝世的四个月前 1615 年（元和一年）12 月为止的家康的动静。是这一时期的重要研究史料。

118　詹姆斯一世：1566—1625，英国国王，1603 年至 1625 年在位。同时也是苏格兰国王詹姆斯六世（James VI），1567 年至 1625 年在位。

119　约翰·塞里斯：1580—1643，英国商人，东印度公司贸易船队司令官。著有《日本渡航记》等。

120 德川家光：1604—1651，日本江户幕府第 3 代将军（在职 1623—1651 年），德川秀忠的次子（长兄长丸夭折）。

121 德川家庆：1793—1853，出生于江户城，日本江户幕府的第 12 代征夷大将军，在职时间：1837 年至 1853 年。

122 宝井其角：1661—1707，日本江户时代前期的俳谐师。本名是竹下侃宪，江户堀江町人。延宝年间成为松尾芭蕉的门人。精通医术、书画、诗歌。宝井其角跟着母系亲姓，不过，以后亲自改为宝井。宝井其角被认为是蕉门十哲第一的人。对推动俳句发展作了极大贡献。其俳句风格艳丽疏狂，其中融入了口语成分，读起来自然流畅，颇具诗仙李白风范。有《花摘集》《五元集》传世。

123 青木仪作：1889—1965，日本上水内郡安茂里村差出人，日本焰火师。他有“焰火之神”之称，其多门技术由儿子传承，发展成更加华丽的东西。

124 PL 教团：前身为德光教教师御木德一、御木德近父子所创的人道德光教。该教于 1924 年创立，属于“习合（调和）神道”系统。PL 教团的基本教义有“人生即艺术”等 21 条处世训，具有“对现实的全面肯定”与“欲望的充足”等特征，然在社会关系与人间关系方面，则宣说“长幼之道”“男女之道”。

125 武田信玄：1521—1573，日本战国时期甲斐国著名政治家、军事家。原名武田晴信，幼名胜千代，通称太郎，出家后法号德荣轩信玄，清和源氏源义光之后，武田信虎嫡长子。是日本战国时代名将，人称“甲斐之虎”，也被誉为“战国第一兵法家”。

126 绳文式：陶器的样式。绳文时代是一个使用绳文式陶器的时代，包括绳文人的生活、制造磨制石器的技术、陶器的使用、狩猎采集经济的发展、定居的形成等内容。

127 弥生式：日本陶器的样式。弥生时代因发现弥生式陶器的东京都文京区弥生町而得名，这是日本绳文时代之后的一个重要历史时期。在弥生文化遗址中，还出土了大量的铜剑、铜鉾、铜铎等。与绳文式陶器相比，具有精致光滑、器身薄硬、图案简朴、形趋于一致、色彩鲜艳的特点。

128 须惠器：亦称祝部式土器或朝鲜土器。日本古坟时代后期至平安时代盛行的陶器。呈灰色或黑色。用辘轳制成，在窖中以高温焙烧。叩击可发出近似金属的声音。有坯、高坯、坩、瓮、器台等多种器形。原出于朝鲜新罗，古坟时代中期开始在日本出现，至古坟时代后期大量出现于古坟的副葬品中。其技术与中国灰陶有关，经朝鲜南部传入日本。

129 濑户：濑户窑，为日本爱知县濑户市及其附近陶窑的总称。在镰仓时代，加藤四郎左卫门景正从中国宋朝学会施釉陶器的技法，回日本后创始濑户陶。室町时代末期的产品被叫作古濑户，主要以模仿中国陶瓷而闻名。从桃山时代到江户时代初期，随着茶道的兴盛，烧造出濑户黑、志野、织部、黄濑户等的茶具，同时也烧造日用杂器。瓷器的制造，文化年间（1804—1817），加藤民吉父子在肥前有田开始烧造蓝花瓷器，形成了陶瓷器的主流。

130 常滑：常滑窑，位于日本爱知县知多半岛的中央，西海岸对面的常滑市区中遍布被烧毁了的窑业产品。平安末期，因猿投窑南部的灰釉陶窑南下而形成了中世纪最大的窑业产地。产品有无釉碗、盘、花盆、瓶、罐、缸、瓦、佛器等。

131 千利休：1522—1591，原名与四郎，法名宗易，号抛筌斋。安土桃山时代著名的茶道宗师，出生于堺，曾随北向道陈、武野绍鸥学习茶道，为千家流茶道之祖。其茶道风格的基调为“茶禅一味”，将真、行、草茶道溶于一体，创造出多种茶道的案例，并首次创造了将乐茶碗用作茶器的意匠。死后被崇为“茶圣”。

132 井户茶碗：朝鲜半岛出产的抹茶茶碗的一种，被茶道中人认为是最高品位的茶碗。原为李朝初期（约15世纪初）朝鲜平民使用的汤、饭碗，是大量制作的日用器皿，后被日本的茶人所看重并在茶道中使用。有大井户、小井户、青井户、井户胁等数个品类。“喜左卫门”和“筒井筒”被指定为国宝。

133 萩烧：在日本山口县萩市长门市烧成的陶器，16世纪末期，因为朝鲜陶工的技术革新而使萩烧的技术水平有了飞跃性的发展，触感柔细，且富保湿性和吸水性。如同自古以来被称颂为“一乐，二萩，三唐津”般，萩烧以茶人爱用的陶器而闻名。萩烧最大的特色是烧成质感低的柔软土质与高吸水性。萩烧的另一特色为造型及装饰上的简朴感。作品几乎都不加以彩绘。

134 萨摩烧：一种乳色的日本陶器，带有精美的龟裂釉面和精细的彩色，饰金装饰图案。萨摩烧的原型是秀吉时代来自朝鲜的陶工们制造的，有官窑、民窑和御用窑。

135 沈寿官：1835—1906，日本幕末到明治时代的陶人。

136 司马辽太郎：1923—1996，日本作家。原名福田定一，生于大阪。司马辽太郎的小说具有从天空俯瞰大时代动态的特质，也因为这个特质吸引了无数的日本读者。他的这种特质与他的蒙古语学有莫大的关系。其作品汗牛充栋，众多获奖作品。1991年当选为文化功劳者，1993年（70岁）获颁代表日本人最高荣誉的文化勋章。他享年72，墓所京都市东山区。3月4日成为东大阪市名誉市民，11月1日（财）司马辽太郎记念财团成立，2001年11月1日司马辽太郎纪念馆开馆。

137 有田烧：日本佐贺县有田町出产的瓷器，日本国内最古老的瓷器。素朴大气魅力的初期伊万里的青花瓷，浓厚且大胆的初期图案，清爽的柿右卫门，豪华绚烂的金襕手（金线织），显出了佐贺藩瓷器的实力。

138 高取烧：日本福冈县筑前近代有性代表的陶瓷窑。初期的高取烧窑（古高取）有相对较大的范围，特别是内矶窑的产品非常出色，能看出受美浓窑（岐阜县）茶陶的影响。之后受到了时代的好尚，经过洗练的器体，创造了有光泽的褐釉和白浊釉交融的独特风格，至今仍然以制作茶具为主。

139 多久安顺：1566—1641，织丰时代至江户时代前期的武将。龙造寺长信的孩子，佐贺县肥前多久的领主。

140 李参平：生卒年不详，日本江户初期的陶工。佐贺县西松浦郡有田町的龙泉寺明历元年（1655），得“月窗净心上田川三兵卫”的法名，这是根据李参平的卒年考虑的。相传，有田窑即伊万里烧的先祖，陶祖神社将其作为公司的神祭祀。

141 仁清：生卒年不详，全名野野村仁清，主要活动在日本江户时期。毕生致力于陶器的彩绘，创造出京陶优雅的日本式彩绘手法。仁清的彩绘陶器是在粟田口窑早期手法的基础上发展起来的，其独创而卓越的意匠，在以藤、山寺、吉野山、青松、器粟的大型茶壶上发挥得最为充分。

142 尾形乾山：1663—1743，名惟允，通称权平京都织物富商之子，尾形光琳之弟，日本江户中期的陶工、画家。因其初开窑的所在地鸣泷（京都市右京区）位于皇城的乾（西北）方位而自号“乾山”。另还有名号：深省、尚古斋、玉堂、陶隐、紫翠、灵海、逃禅、习静堂、傅陆等。著有《陶工必要》和《陶磁制法》两书，传世绘画作品有《八桥图》《花笼图》等。

143 京烧：在京都出产的陶瓷的总称。起源于桃山时代，有粟田口烧、御室窑烧、清水烧、音羽烧等种类。江户初期，由野野村仁清、尾形乾山等人集大成的图案特别有名。

144 志野烧：日本岐阜县土岐市附近一带烧制的陶器。天正至元和年间是其繁盛时期，岐阜县大萱的产品最为优秀。厚厚的白色长石釉轻柔地覆盖在瓷胎上，是富有雅趣的陶瓷。素色志野，有简朴的釉里红图案画的绘志野，雕刻灰色花纹的鼠志野，施以薄铁釉的红志野等。

145 备前烧：日本备前地方生产的陶器。以无釉、火燎为特色。起源于古代的须惠器，隆盛于桃山时代至江戸时代中期。桃山时代以前的产品叫作古备前，江戸时代以后的产品叫作伊部烧。

146 毛利辉元：1553—1625，日本安土桃山时代和江户时代前期的大名、丰臣政权五大老之一、关原合战中西军总大将、长州藩第 1 代藩主。

147 李勺光、李敬：生卒年不详，朝鲜人，后归化日本，日本萩烧的开窑始祖。

148 关原合战：日本广义的战国时代末期或安土桃山时代发生于美浓国关原地区的一场战役，交战双方为德川家康麾下的东军和石田三成领导的西军。最终，在西军将领小早川秀秋叛变的情况下，这场战争在一天内即分出了胜负，德川家康取得了统治权，三年后成立德川幕府。

149 大道土：一种沙砾混杂的灰白色粘土。作为大村益次郎的故乡而为人所知的山口市铸钱司出产。江户时代为藩所独占，一般用不上。

150 见岛土：在萩市见岛采集的赤黑色土。

151 金峰土：在萩市东部采集的高岭土系的白色土。

152 唐津烧：日本安桃山时代以后，在佐贺县西部的各种窑生产的陶器的总称。天正年间（1573—1592），唐津市岸岳山麓开始烧窑，万历朝鲜战争（1592—1597），朝鲜有很多陶工前来归化、发展，肥前的许多地区也在烧窑。产品通过唐津港运往近畿以西各地，因此近畿以西地区出产的陶瓷一般俗称“唐津”。

153 根津美术馆：位于日本东京，于 1940 年创立，第二年开馆。原址是根津家族的根津青山的旧居。美术馆收藏十分丰富，除了书画之外，还有商周青铜器，历代雕刻，陶瓷，漆艺品，金属木竹雕刻，织染等工艺品。主要收藏了实业家根津嘉一朗收集的以古代美术品和茶器为中心的 7000 件艺术品，以茶道用具和佛教美术作品最为著称。该馆所藏佛像也颇多，其中不少来自中国山西天龙山石窟，如北齐如来头像、唐代菩萨头像不下数十件，有的能够在天龙山石窟中找到它原来的位置。

154 三轮休雪：1895—1981，号休和，日本陶艺家。本名邦广，山口县阿武郡椿乡东分村（现萩市松本）人。1927 年继承萩烧三轮窑，成为第 10 代继承者，号休雪。使用大道土、萩烧特有的蒿灰以及白濁釉，制作出“休雪白”这样的优质白釉。曾获紫绶褒章。1970 年被认定为重要无形文化遗产保持者。1972 年被推荐为萩市名誉市民。

155　荒川丰藏：1894—1985，日本陶艺家。岐阜县泉村人。1930年，他在故乡岐阜县可儿市大萱发现桃山时代的名窑志野陶，并在这个地方建立古式的半穴窑古志野，学习濑户黑的制作，对桃山时代的美浓陶在现代的苏醒注入其力量，成为现代的代表性茶陶作家。昭和三十年（1955），被认定为重要的无形文化遗产（人间国宝），1971年获得文化勋章。

156　《Voice》：日本株式会社PHP研究所发行的综合性月刊。作为“为21世纪更美好，对社会现实的发言志”，专门刊载现代社会的各种问题。每月10日发行。

157　梅原猛：1925—，仙台市人，毕业于京都大学文学部，日本哲学评论家。先后任教于立命馆大学、京都市立艺术大学，及任京都市立艺术大学校长一职。1987年就任国际日本文化研究中心首任所长。1992年获“文化功劳奖”，1999年被授予“文化勋章”。主要论著有《佛像——心与形》《地狱的思想》《佛教的思想——不安与欣求（中国净土）》《日本与东洋文化》等。

第四章　以“造物国家”的复兴为目标

——经济产业省事务次官北畑隆生如是说

残留的“日本人”

北康利（以下简称“北”） 现在，经济产业省以有限的预算努力支持和培育“造物”，取得了很大的成果。近年来，对官僚的批评也在报道上占了很大篇幅。但我总觉得宣传媒体和国民经常会忘记对政府机关“褒奖”，如果对政府机关的努力不好好地评价的话，那么政府的努力就没有得到回报。

战败后，白洲次郎和吉田茂回到荒废的日本时，整个日本只剩下一样东西，那就是日本人。日本人勤奋、教育水平高而且擅长造物。

就是他们，利用日本人的“造物”DNA开展了国家复兴工程，设立了推动加工贸易的通产省。现在，通产省已经更名为经济产业省，依托“人才立国”，努力继承着“造物”的传统。

在这一点上，我不能不感受到为祖国复兴而奋斗的人们的强烈“想法”。今天我们请北畑次官谈一谈他的“想法”，和为此想法而做出的努力。

北畑隆生（以下简称“北畑”） 谢谢！我想现在日本竞争力的原点是“对造物的执念”。在这一点上，无论是丰田或是乡镇工厂，甚至博多人形那样的传统工艺，都是一样的。

北 日本向来有以勤恳为荣的文化。但是，就最近的年轻人的职业选择和社会的氛围来看，总觉得大家更关注“轻松赚钱”

的领域。随着少子化的发展，如果年轻人都集中在“轻松赚钱”的领域里，“造物”只有衰退。这样的现状，您如何看呢？

北畑　在日本，80 到 90 年代，有一种说法是“从今以后不只是制造业，也是服务业、软经济、信息、金融的时代”。

但实际做了以后，是完全地失败了。泡沫经济崩溃后，人们明白“日本最擅长的还是造物”。从国际上看，在金融技术方面，日本无论如何也敌不过欧美；而在网络信息技术方面，与谷歌和微软也有着相当大的差距。

北　把金融比喻成搏击也许不稳当，但肯定打不过坐庄的美国呀（笑）。

北畑　日本能与美国对抗的是汽车与家电、电子机器与机械等“造物”的领域。我想日本与美国各有所长，各有分工也是很好的。各国在各自擅长的领域努力就好了。在这种意义上，“造物”才称得上是日本的生存之道吧。

北　日本的金融业向来都是赔钱的，“造物”却如“黑子”般稳固长久地存在。因为金融业做出主角的嘴脸，才会发生泡沫崩坏这种严重事件。我觉得日本的基础就应该是“造物”。

“直觉”与“进步”是质量的保障

北畑　21世纪，日本还能在高速发展的亚洲脱颖而出吗？今日亚洲之所以能成为世界发展的中心，其中就有日本的贡献。亚洲各国模仿战后的日本，依靠加工贸易逐渐地成长起来。通产省这样的组织，也被他们模仿。

日本用自己的技术与资金，帮助他们（亚洲各国）建造工厂，教给他们日本的生产方式。本来视频组卡、冰箱和空调都是日本特别擅长的领域，却将技术输出，失去了这种优势。那是因为日本把技术转让给了亚洲，这般宽容是世界上少有的。欧洲虽然也在非洲进行“慈善事业”，但绝不会培育他们能与自己竞争的“能力”吧。

所以，日本在思考今后与亚洲的其他国家共存共荣的时候，从传统工艺、职人和乡镇工厂到高科技企业，都应该以其共同的“造物精神”为核心。应用已有的技术，以廉价劳动力进行生产这一做法，可用于越南、印度尼西亚、菲律宾、泰国等国家。

但是，日本有不可取代的部分。“即便生产过程在国外，但核心在日本”这一做法开始形成。日本区别于其他国家的，也就是您刚才说的日本有“以造物为荣”的精神吧。

日本人没有“有钱了，就退休”的想法，但美国人的风格是，主业成功以后卖掉公司，去牧场盖别墅。日本人，向来都是勤恳地造物。

北 因为日本有以“造物”为乐的精神内涵吧。我也采访过很多职人，原以为他们会像求道者一样严肃，没想到实际上是很开心地在做。对他们来说没有退休一说，如果能一辈子开心地工作，那是最好不过的。

北畑 如松下幸之助先生那样，并没有因为有钱了就不做了。我希望企业在成功以后也能存续这样的“造物”精神，这才是日本的独特之处。

曾经有日本的经营者在美国自我介绍时说，“我的公司是持续3代以上的中小企业。”而被美国人说，“简直无法相信，在美国，要是传3代人，不是变成大公司，就是已经倒闭了。”在日本的中小企业，努力工作是快乐的，美国人或许不能理解吧。那里没有以高层的利益为先的想法，给员工安定的生活，不断精进技术，一起愉快地造物才是经营者的责任。

前些日子，在NHK[1]的《日本企业长盛不衰的奥秘》纪录片中提到，持续200年以上的公司在日本有3000家，德国有600家，美国建国以来能够持续200年以上的公司只有14家。美国式的公司制度和以资本为中心的原则，与日本的完全不同。

北 松下幸之助先生在战后被指定为财阀时，被GHQ问道“为什么没有个人别墅？”的时候，主管高桥荒太郎[2]先生回答说：“公司经营就是松下先生的价值，他把个人所得的全部都投入到了公司的发展里。”但GHQ怎么也理解不了。日本人把“造物”（工作）当作人生享受，对他们来说是难以置信的吧。

北畑 从“快乐”这个理念中诞生的熟练的劳动人员，才是日本竞争力的原点。比如，在日本的制造业中“直觉”和“进步”是很重要的。全自动的工厂，效率虽然提高了，但没有了“进步”。能够让人类技术进步的，只有职人般的直觉和热情。

这就与终身雇佣制度有关。我觉得，泡沫经济破灭后，雇佣关系的中断以致很多企业都失去了开发能力，就是因为失去了这个“终身雇佣”机制的作用。

北 丰田的“改造生产线运动”，机器人是不能完成的吧？

北畑 在冈本玻璃这种公司，虽然在生产线中用了机器人，但最后的阶段还是需要职人的眼睛看。在多年的经验积累中锻炼了这种直觉，然后每天都在积累、进步。

日本人有像传统工艺职人那样的执着，比如日本制作的家具抽屉，里面也要好好打磨。只考虑功能的话，外侧收拾干净就足够了。实际上，因设计优良而闻名的欧洲家具，表面都被打磨得很漂亮，里面却很粗糙。

那么，为什么只有日本人在生产家具时连内侧也要打磨光滑呢？这是从消费者的要求出发的。培养出这种造物精神，得益于日本那些高要求的顾客。

如丰田的涂装工厂已经完全自动化了，但在涂装前后都必须要有三四人在产品上来回触摸。涂装前接触是因为焊接可能不均匀，涂装后接触是为了确认涂装有没有不均匀。考虑到这样的劳务费，也许有人认为，“有拘泥于此的意义吗？”不过，丰田这么做是因为有彻底追求高质量的消费者。接触到门的时候，有讨厌焊接或涂装凹凸的人。那样的人一百个里有一两个吧，那种高要求的消费者，也可以说是日本制造业的培育者。

中小企业支撑的日本造物

北畑　千叶县的新日铁的君津制铁所，与在中国建的钢铁厂相比，设备比较陈旧。不过，君津制作的铁比中国制造的质量好，人气也比较高。

造成这种差异的，是职人们的“呼吸”。在炼铁时，上道工序和下道工序的职人们的呼吸的配合很重要。这与学历和个人的优秀无关，而是在工厂多年的工作中，培育出的团队合作精神。

这样的强处，在日本的城镇工厂里有很多。工人们通过熟练的默契合作，能够做出没有瑕疵的东西。那娴熟的技术和职人的灵魂，是日本制造业的骄傲。

北　因此，值得注意的，是教育问题。让年轻人对“制造”感兴趣，不论企业大小，都需要增加拥有“职人气质”的人。经济产业省应该进行怎样的尝试呢？

北畑　现在，我们正在与文部科学省共同着手产业教育。文部科学省尝试让小学生、中学生到企业的现场进行学习。另一方面，经济产业省也组织研究者和中小企业的经理，到学校谈自己的切身体验。总之，以传达工作的尊严和乐趣为目的。

过去的日本企业，不要求新员工的专业性，而是把他们放到工作岗位上锻炼。因此，公司内部培训费比较高。泡沫经济崩溃后，企业最先减掉的是就是广告费、交际费和教育培训费。

其结果是，日本的企业丧失了活力。职员的教育、训练、终身雇佣制度是一体的。社员培训的前提是留在公司，但在跳槽的时代，这种支出经常没有回报。

那么，在专职学校，尤其是在高等教育阶段培养技能会不会好一点。但是，迄今为止，产业界和学校之间仍没有交流。大学教育没有满足产业需求，继续着马克思《资本论》式的教育，实践的专业性被忽视了。我想纠正一点，让年轻人们从小学开始就接触造物的趣味，在中学和高校教导学生劳动的尊严，无论企业大小，这些都是切实需要的。

北　另外，经济产业省评选了“有活力的300家中小企业”，也是在为中小企业做宣传。

北畑　如今，经济产业省设立了两项表彰制度。

一个是“日本造物大奖”。是由总理大臣和经济产业大臣以及国土交通大臣所表彰的，其对象包含了大企业和中小企业。是为了表彰那些对工作产生重大促进作用的团体或个人的发明。今年是第二届，不过，获奖者多为中小企业。可见中小企业才是日本制造的中坚力量。

还有一个就是“有活力的300家中小企业”评选，这是以中小企业为对象的。得奖的多为秉承了江户时代以来的“造物”精神的传统企业。比如佐贺县继承了从锅岛直正（江户末期的大名）时期就有的、从幕府末期沿袭到明治时期的传统地产业。山形县也是如此。

北　是指上杉鹰山的产业发展吧。

北畑　是的。当然东大阪市和东京大田区的工厂集中区也是充满活力的，还有看到一些强盛的地方中小企业有如此长久的生命力，可以说是一大发现。

北　以前我采访过的京都福田金属箔粉工业，也成为以传统技术为主心骨的成长型公司。公司凭借导电涂料铜粉，获得了第一届“日本造物大奖”，受到了巨大的鼓舞。

北畑　那篇获奖的文章真是充满气势呢（笑）。不只是表彰，为了趁热打铁，也顺势举办了展览会，在经济产业省的大厅里举办了介绍展览，甚至有带着员工来拍纪念照的社长。这样务实的活动，也能吸引优秀的人才。

北 好主意。职人的技术一旦放下了就会衰退，是需要表彰鼓励的。但是按照如今的日本财政，即便是扶持也出不了多少钱。在这点上，表彰是一个很好的做法，获奖者也会受到鼓励，这和奖金的多少无关。

北畑 实际上，奖金是0(笑)。没有为表彰准备特别的预算，都是用已有的预算做的。当时的经济产业大臣二阶俊博[3]在经济咨询会议上发表了“有活力的中小企业公司300家”的相关内容。日银总裁称，“如果有300家那么好的中小企业，我和分行长联系吧。”不久后，日银的分行长会议对此事做出了决议。这样一来，全国日银的分行长纷纷到企业、公司访问。听到这样传言的银行也表示说，“那么优秀的公司，无需做担保”，于是给了融资。

北 我有点明白了（笑）。

北畑 日银的分行长访问中小企业和乡镇工厂是件稀罕事。

而且，有的在“日本造物大奖”和“有活力的中小企业公司300家”选拔中获奖的社长，甚至被邀请到大学讲课。在东京理科大学创立115周年的纪念讲座上，我发表了以自己的名义邀请经营者们来做演讲的提议。对学生来讲，中小企业总经理的话比起《资本论》来，更有参考价值。

这个演讲的评价很好，关西大学也做了同样的尝试。听了这样的演讲，有意愿的学生会想去那里就业。而且对社长来说，大学讲师这样的头衔也是很好的荣誉吧。

培养产学一体的人才

北　在崎玉县行田市有座“造物大学”吧。

北畑　那是旧劳动省为了激发大学和产业的活力而做的，并不是建立新的大学，而是在原有基础上，编入新的教学结构。

最开始做的是岩手大学。在岩手大学的所在地，有手机零件制造商“阿尔卑斯电气”和名为“关东汽车”的丰田汽车组装厂。在相关的中小企业中，技能的传承成了瓶颈。如果按照以往的员工培养办法，是训练不出高科技人才的。

和大学商谈而成立的便是“岩手大学制造中心”。以前受重视的只有应用于生产的研究开发，但现在大学也有了“教育 = 育人”的功能，所以是想建立“产业和育人并重”的机制吧。而且，大学方面，因为人口减少，在校生的数量也在减少，为增加学生，也在开展社会教育。

企业向岩手大学输送学生，毕业后再回到企业工作。如果要一边工作一边学习高新技术是很困难的，而且大家都在拼命工作，只有你一个人去念书也是很尴尬的。但有半年或一年的学习时间，对企业来说也是很好的。

我们也对这一机制进行了大力宣传，2007 年又进一步设立了模具、铸造专业的专职研究生院。这个研究生院的特点是，非大学毕业生也可以入学，有同等学力即可。今年甚至有高中学历的人入学。

北 那真是太好了。

北畑 这确实是一个挑战，没上大学而去中小企业就业的人，忽然就成研究生了。

在岩手大学的研究生院，有两位教授都是产业界出身。快退休的人去大学任职，也是一个“再次挑战”吧。而且，还有防止技术人员外流的效用。这样的话，即便三星和现代以 3000 万日元的年薪挖角，“如果可以在国立大学做教授，工资低一点，他们也愿意留下来的吧”。比起去国外工作，更多的人还是愿意在国内培养弟子吧。

全国有 50 所左右的学校也开始了岩手大学这样的做法，模具、铸造、人机工学以及情报系统等领域，都有研究生院的设立。

北 在大学方面，就职前的实习制度也在推进中。好不容易就职的学生，在工作中发现与想象的世界不同，就辞职了，这对企业和学生来说都是不幸的事情。

北畑 在日本，有种情况叫作“七五三问题”。进入公司 3 年以内跳槽的人当中，大学毕业的占三成，高中毕业的占五成，初中毕业的占七成。但是，在日本终身雇佣有着绝对的优势，跳槽的人，也不一定都能找到好的工作。培养的人就这么走了的话，对企业来说也是很可惜的。

北　“精诚所至，金石为开”，努力也是需要周边的人的支持吧。

北畑　也有“缓冲一年”这样的制度。本来，考上大学以后，还有一年时间考虑要不要去，但是就业并没有这么长的考虑时间。在索尼和一部分企业里已经开始了这一制度，就是在拿到“内定”后的一年时间里，要么去国外旅行或是做别的什么，如果后悔的话也可以不用入职。用了这个制度的话，员工跳槽率也会降低吧。

用高科技复苏的日本传统之美

北　还有一点，培养那种驰名海外的“JAPAN”（日本）品牌正成为热门。

北畑　为了谋求亚洲各国制造业的共存共荣，日本应该追求更高的品质。具体来说，第一，要提高开发新产品的能力；第二，在品质、价格和信赖度上拉开差距。比如飞机、原子能制造发电、医疗器具等高精仪器的生产。

第三，提高设计、软件、文化艺术的附加值。创造感性价值方面的名牌，开拓时尚和音乐等领域，大力发展“新日本样式”。在高科技领域融入日本的传统，比如大型液晶电视的机壳，用莳绘去装饰。

北　增加内需是首要的。要是国民都关注“本物”就好了，但现在大家更关注品牌。把漆器作为JAPAN（日本）品牌积极出口的战略是很好的，但若是职人的东西都进了博物馆，那就都成标本了。

北畑　如今，日本的传统技能被用于高新技术的例子有三个。

第一个是线绳的技术。把碳纤维像线绳一样进行编织，用来做燃料电池的电槽。空气从纤维缝隙中进入，这样的电池变得轻且结实。同时，纺织技术也可用于碳纤维的成型，编织碳纤维布。在这种状态下烘焙的话，L字形般弯曲的零件也能做出来。

第二个，折纸的技术在卫星上使用。太阳能面板发射到宇宙的时候，用被称为特殊的折叠方法“三浦折”叠放成小块，从另一面一拉就突然打开，所以10米见方的巨大面板就在宇宙中张开来了。

第三个是“机关”，由马自达工厂使用。像司茶者的机关人形那样，以发条装置作为动力来源，使自己运作，无须耗电。同样使用这种方式的其他厂商也有。传统的技能是能够在高科技的现场精彩呈现的。

只有职人的技术才是国际竞争力的源泉

北　到现在为止，正因为经济产业省没有预算，所以才想出了各种各样的好主意。同样的，北畑次官对民间企业有什么期望吗？

北畑　我希望民间企业能够认识到，“日本的强大在于造物”。没有意识到这一点而进行多种业务，反过来荒废了本业的企业也不在少数。

另外，最近流行企业合并、收买，我也希望企业明白这样做的好处和坏处。长期战略能够留住员工，发展制造技术，进而促进企业的发展。

某重工制造商，被曾在美国学习过经营学的分析师建议：“要提高你的公司的股票价格，就将赚不到钱的造船和钢铁机械制造部门舍去，将电力和防卫省御用的领域整合起来就好了。”但是，那终究是失去了日本的强项。泡沫经济崩坏时，核算部门砍掉了公司部分员工，导致公司失去了开发能力。那个时候一边裁员一边说“大家忍耐一下”的公司很多，现在也依然有。因此，想要获得“钢铁伙伴”（Steel Partners）公司那样的投资是困难的，这一点股东和经营者也要充分考虑到。

北　的确，技术革新是重要的。但这是从业人员在长期稳定的工作中衍生出来的。

所以，公司重视自己的员工，才能够创造产业革新。要继承传统的话，我觉得还要持续日本式的经营。

北畑　其实，以谷歌公司为首的美国的优秀公司，也有很多终身雇佣的企业。佳能的御手洗会长也在美国工作过，但他也采用了终身雇佣制度。然而，在实行年功工资[4]的同时也采用了成果评估的方式，这也许是正确的。

最近在美国，“公司为股东所有”这样的说法开始受到质疑。卓别林的电影《摩登时代》(*Modern Times*)的世界也就是典型的资本主义：有钱的资本家出资建大的工厂，再按照市场价出资雇佣大量不熟练的员工。劳动者是资本家的卒子，“公司为股东所有”这样的想法不管好坏，却得到了认可。在日本，战前的矿山经营也是这样的。三菱、住友、三井等财阀出钱投资，公司所获利润也都差不多。创造利益的是资本。

但是，在今天的日本，家电产业、电子产业界已经分出胜负。我并不认为股东之差导致了业绩之差。

北　如今，也有很多工厂认为如何招到更多的员工是关键。但是，这种做法在劳动工资高的我国是没有国际竞争力的。日本的“职人之技”才是竞争力的关键。

北畑　是这样的。创造丰田的利益、佳能的利益的是谁？是有着经营判断的经营者、技术团队，但更离不开时刻奋斗在第一线进行技术革新的劳动者。员工的工作能力、热情的差距才是业绩差距的原因。消费者和客户决定了利润的差距。实际的情况是，公司的持有者不仅是股东，也包含“股东以外的员工，合作商和包括消费者在内的相关人员”。

这样一来，短期内公司部门的裁员，可能会影响公司的力量。夏普公司曾表示“三次裁员大大降低了公司实力，以后坚决不再重蹈覆辙”，安定才能带来成长。

北　稳定的雇佣才是“造物”的关键。

北畑　典型的美国式经营是，股东用高额报酬雇佣优秀的经营者，以求更多的利益，经营者谋求包含事业的转让、买卖、裁员在内的短期利益。如果不顺利的话，劳动者就会下岗，经营者也会换代。股东为了不被经营者所欺骗，完备了董事会、外部监查等制度，上市企业则有着更加严格的财务、会计制度。

但是这些做法，其实效率很低。日本的社长为什么年收入达二三千万日元也在积极地工作，而员工也会认真地为公司考虑呢？

比如，矢崎总业株式会社的目的是“确保就业岗位”，利益的追求和分红都是次要的。该公司的员工提案一年可达到25万件，创业以来一次也没有裁员过，才有了这样的结果。欧美各国把这种日本式经营看作一种魔法。正是这样的制度，支撑着日本造物。

北　话又重复了，美国人是不能理解这种“造物不仅是为公司，也是为自我价值的实现和快乐”想法的。

北畑　像日本的经营典型松下幸之助先生那样的经营，实际是很新的经营方式。那种直截了当表现出来的，是日本“造物”的竞争力。

工学部研究生毕业的人穿着淡青色的工作服，与蓝领劳动者一起在工厂并肩作战的国家，在世界上只有日本吧。劳动者被叫作“社员”也是日本特色，因为《公司法》说“社员”是出资者。同时，社长能够知悉工作现场一切事情的，也只有日本吧。

日本式经营最适合于职人的“造物”世界，也在最先进的领域再次受到关注。

北　我希望无论今后我们国家经历怎样的劫难，就像潘多拉魔盒里的“希望”一样——我们还有最擅长“造物”的“日本人”。希望我们可以成就这样的国家。

原刊《Voice》杂志平成十九年（2008）十二月号

注释

1 NHK：日本广播协会的英文简称，于1925年成立，日本第一家根据《放送法》而成立的大众传播机构。

2 高桥荒太郎：1903—2007，日本香川县人，日本昭和时代的经营者。曾进入业务合作的松下电器（现松下）任专务、常务副社长，昭和四十八年（1973）任会长。

3 二阶俊博：1939— ，日本和歌山县御坊市人，毕业于日本中央大学法学部，日本政治家。他对华态度友好，多年来为中日友谊做出巨大贡献。曾任日本众议院议员、经济产业大臣、自由民主党总务会长。

4 年功工资：日本企业的传统工资制度，随员工的年龄和工龄的增长而每年增加工资。

有点长的后记

我的青春时代有一大半是在大阪度过的。因为离京都与奈良这样的古都很近，我对自然和历史又很感兴趣，所以才会对职人的工作如此关心。不过更重要的，好像是遗传因素在起作用。

我母亲的老家在兵库县三田市上相野，经营着休闲产业“兰特香菇伞”。其以采摘香菇为主，提供三田牛肉烧烤，也兼营草莓采摘、陶艺教室、昆虫园、绣球园等，现在是表哥中西郁担任社长并兼任三田市观光协会会长。

其实这个“和伞”的名号，缘起于祖父中西松太郎曾经做过和伞和提灯这件事。因为这样一脉相承的发展比较吉利，才起了这样的名字。我每次去那里玩，就会想起到处打开的柿褐色的和伞，以及中间祖父用鲜明的笔触描绘的订单主的名字。

也许有点唐突，我想在这里谈一下以江户时代为中心的和伞职人的事情。

和伞也是种类丰富的，平民用的比较粗糙的伞被称为番伞。高级品的蛇之目伞现在价值一万日元以上，番伞的价格则还不到它的一半。元禄时代开始，蛇之目伞也开始多样化，而且向高级化发展，“打磨”过的竹骨更细，成为主流。当幕府禁止了奢侈的伞时，女性阳伞出现了。

用旧的伞，在江户，差不多就是现在一两百日元的价格，在京都和大阪则可以用锅和茶壶等进行交换回收，再加工成油纸伞出售。从前有个词叫“张伞浪人”，很多浪人和下级武士把制作伞作为副业。虽是副业，做的也是人头顶上的物品，有这种奇怪的自尊。用旧的油纸伞也不能扔掉，还可以作为味噌和鱼的包装纸再利用。

只是，伞在江户并没有怎么卖出去。首先江户人不会带伞出门，因为带伞会让人觉得很嚣张。下雨的时候要么跑，要么就在屋檐下躲一下。烫水洗澡被当作好习惯，忍受是江户人的基本品性。甚至有“等雨下大了再出去”的说法……

话又说回来，祖父双手灵巧，非常喜欢做东西。他很认真人又好，大概没有人比他更适合“孜孜不倦”这个词了。祖父以给周边地区小学发放备用伞为乐，确实有坚持自己活法的职人气质。

我没有继承到擅长书法又手巧的祖父的DNA，对我来说职人气质只能是憧憬了。通过这次的采访，感受到政府机关为了维护传统的职人文化的努力，深受感动。

最后登场的北畑隆生经济产业省事务次官（其实北畑先生是我的母亲担任兵库县三田市小学教师时的学生），也是口舌流利。不管怎么说都说不尽的“造物之国”的热情，从全身散发出来，不断地传达给听众。

从小泉[1]改革以后，好像“从官到民”成了口号，最近国家公务员的人气急剧下降。从以往的中央集权型国家向以道州制为前提的地方分权型国家的转化，是日本的必经之路。无论是多么小的政府，也有很多“官员应该会”“官员必须做”的事情。官员支撑国家的“志”一旦衰弱，国家就会失去未来。

最近的媒体，也倾向于报道政府消极的一面，对好的一面却很少提及。政府人员也没有高尚到即便没有民众的敬意和感谢，也依然斗志高涨。大家要是读了《造物白皮书》，觉得经济产业省、文部科学省、厚生劳动省做了不错的事情，一定要对他们的努力予以回应。

我在本书中再三谈及“职人气质”。

经济方面，美国相比欧洲和日本而确立的优势地位已有较长的时间。但是，在发挥造物精神的领域，美国很难与造物历史悠久的日本与欧洲匹敌。

我们的强项就在这里，日本是历史和传统都比较厚重的国家。扔掉是简单的，但要培育却很难。今后要把“职人气质”作为日本人的优良品质继承下去。

我把以前写过的人物白洲次郎说成是“有原则的男人”，他洒脱又不将就。白洲最喜欢的就是职人。这是因为他对“对生活方式有讲究，不断进行创造”的职人心怀敬意。

我在文章中提到，为了保护传统的职人世界，我们能做到的是，保持对职人怀有敬意的“真心”，这也是非常重要的。“匠之国日本”的传统，在我们这一代坚决不能丢。

最后，向提供协助的 PHP 研究所新书出版部的丹所千佳先生、《Voice》编集部的白地利成先生、藤冈岳哉先生、摄影师柴田胶水好先生，以及我所采访过的各位手艺人和爽快答应了对谈的经济产生业省事务次官北畑隆生，表示衷心感谢！就此搁笔。

平成十九年十二月

北康利

注释

1　小泉，即小泉纯一郎（1942—　），日本神奈川县横须贺市人，日本政治家，曾任日本内阁总理大臣，前日本众议院议员。小泉不论是任内期间，还是2006年卸任之后都拥有很高的民意支持度。

参考文献

『日本工業史』横井時冬著、白揚江（一九二七）

『「技」と日本人』風見明著、工業調査会（一九九五）

『職人と芸能』綱野善彦編、吉川弘文館（一九九四）

『職人ことばの「技と粋」』小関智弘著、東京書籍（二〇〇六）

『職人学』小関智弘著、講談社（二〇〇三）

『職人力』小関智弘著、講談社（二〇〇五）

『フィレンツェの職人たち』朽見行雄著、日本交通会社（一九九三）

『帝国ホテル　厨房物語』村上信夫著、日本経済新聞社（二〇〇二）

『語源』山田俊幸編者、ＰＨＰ研究所（二〇〇五）

『職人と匠』金子量重／丹野稔／竹林征三共著、技報堂出版（二〇〇〇）

『江戸の職人』乾宏巳著、吉川弘文館（一九九六）

『江戸の職人』鈴木章生監修、青春出版社（二〇〇三）

『語源たどれば京都』黒田正子著、ランダムンハウス講談社（二〇〇六）

『日本刀の魅力』河内国平／真鍋昌生著、里文出版（二〇〇三）

『家作の職人』伊藤ていじ監修、平凡社（一九八五）

『京都職人』高階秀爾監修、水曜社（二〇〇六）

『木と語る匠の知恵』松田敏行著、祥伝社黄金文庫（二〇〇六）

『中世の風景（上）』綱野善彦他著、中公新書（一九八一）

『お江戸の地名の意外な由来』中江克己著、ＰＨＰ文庫（二〇〇二）

『お江戸の意外な生活事情』中江克己著、ＰＨＰ文庫（二〇〇一）
『お江戸の意外な商売事情』中江克己著、ＰＨＰ文庫（二〇〇七）
『明治事物起原』石井研堂著、ちくま文芸文庫（一九九七）
『江戸の遺伝子』徳川恒孝著、ＰＨＰ研究所（二〇〇七）
『フロイスの日本覚書』松田毅一／Ｅ・ヨリッセン共著中公新書（一九八三）
『伝統木造建築を読み解く』村田健一著、学芸出版社（二〇〇六）
『伝統建築と日本人の知恵』安井清著、草思社（二〇〇七）
『宮大工　千年の知恵』松浦昭次著、祥伝社（二〇〇〇）
『甦る江戸文化』西山松之助著、ＮＨＫ出版（一九九二）
『江戸娯楽誌』興津要著、講談社学術文庫（二〇〇五）
『大江戸番付づくし』石川英輔著、実業之日本社（二〇〇一）
『中世生きる女たち』脇田晴子著、岩波新書（一九九五）
『イタリア　職人の国物語』朽見行雄著、日本交通会社（一九九五）
『花火学入門』吉田忠雄／丁大玉編者、プレアデス出版（二〇〇六）
『花火師の仕事』池田まき子著、無明舎出版（二〇〇五）
『知っている合点　江戸ことば』大野敏明著、文春新書（二〇〇〇）
『人形』第四巻「雛人形と武者人形」京都書院（一九八六）
『日本の御人形』池田萬助／章子共著、淡交社（二〇〇〇）
『人間国保辞典　工芸技術編』芸艸堂（二〇〇六）

『陶芸名品集成第一巻』平山郁夫監修、講談社（二〇〇三）
『江戸を掘る』古泉弘著、柏書房（一九八三）
『ヴイヴア！イタリアの職人』松山猛著、世界文化社（一九九五）
『和紙とケータイ』共同通信社編集委員室編、草思社（二〇〇五）
『和ろうそくの世界』文葉社（二〇〇二）
『茅葺きの民俗学』安藤邦廣著、はる書房（一九八三）
『金沢の手仕事』坂本義昭著、ラトルズ（二〇〇六）
『日本伝統』岡本太郎著、知恵の森文庫（二〇〇五）

北京楚尘文化传媒有限公司 出品